JN058889

人事担当者が
本音で明かす！

受かるエントリーシート 落ちるエントリーシート

法政大学
キャリアデザイン学部教授
梅崎修

大宅壮一ノンフィクション賞作家
神山典士

CHAPTER 1

CONTENTS

CHAPTER 2

人事担当者さんの「本音」を教えてください　神山典士

CHAPTER 3

そこが知りたい、就活とインターンの現実

神山典士

CONTENTS

CHAPTER 4

文章力の正体　梅崎修

CHAPTER 5

なぜ学生は文章（ES）を書くのが苦手なのか　神山典士

CHAPTER 6

実践編・採用を勝ち取るための ESの修正箇所を教えます！ 神山典士

CONTENTS

おわりに

言葉を磨いて、職業人生に漕ぎ出そう! 梅崎修

はじめに

Withコロナ時代の就職活動とESの活用術

神山典士

積極性の格差が生まれる今こそ、就活のチャンス

新型コロナウイルスが日本にも広まり始めた2020年の3月初め、法政大学キャリアデザイン学部キャリアデザイン学科の梅崎修先生からゼミの3年生の学生たちに、以下のような冒頭で始まる一通の長いメールが出されました。

「新型コロナウイルスの問題が社会全体に広まろうとしています。就職の合同セミナーは全て中止と決まりました。でもコロナ時代こそ『就職活動のチャンス』です。希望の企業に向かってぜひ就活のアクションを起こしてくだ

さい」。

安倍内閣から緊急事態宣言が出される前の段階です。

やがて4月7日からは外出自粛要請が出され、街頭から喧騒が消え、多くの企業でもリモートワークが実施されるようになりました。それ以降、日本だけでなく世界中の経済活動が止まってしまったのですから、経済界は各所で悲鳴をあげています。

「人類のあらゆる営みは、コロナ前とコロナ後で大きく様変わりする」と言われており、実際、本書発売後の2021年を迎えても、経済活動が約4カ月も停止した後遺症から経済の混乱は続いています。当然、企業の採用活動にも大きな影響が出ないはずがありません。

それでも梅崎先生は、今もこの考えを変えていません。先生はこの状況下でなぜ「就活のチャンス」という言葉を使うのでしょうか。

「環境が大きく変化するときは、個人の行動の差が大きくなります。今は、学生一人一人の『積極性の格差』が顕在化する時です」と梅崎先生はメールに綴り、ゼミ生たちを奮起させました。

学生を採用する側の企業は、コロナ禍で緊急事態宣言が出ている最中には、就職活動中の学生を一カ所に集めることができませんでした。会社ごとの説明会や合同セミナーといった活動ができないために、予定の採用人数を確保することが難しくなった企業もありました。これまで、説明会や合同セミナーに頼っていた企業は、どうやれば学生個々にアプローチできるのか、手さぐりの状態になったのです。

さらに緊急自体宣言が解除されたあとでも経済の混乱は続き、どの企業も採用活動が滞りました。なぜなら企業の業績自体が先行き不透明で、採用活動に迷いが出たからです。

スケジュール的にも試行錯誤で、他企業の出方を牽制し合っているケースも少なくありませんでした。

しかしこの状況こそが、就活の「チャンス」でもあるのです。この混乱状況の中で腰を下ろしてしまうのではなく、自分から積極的に希望企業を訪ねていけば、その姿勢を評価してくれる企業に出会えるケースもあります。大学でも授業はリモートになってもキャリアセンターは開いていますし、モバイルでも相談を受け付けています。各社のOBOGを紹介してくれるシステムも動いています。

今こそ就職に対する学生たちの行動や姿勢が問われる時です。

採用活動の混乱期だからこそ、積極的に動く学生には大きな「チャンス」。今この瞬間に採用に向けて一歩踏み出すかどうかの差が、大きな「採用の格差」となるのです。

コロナ禍に絶望するのではなく、むしろそれは「チャンス」と捉えて、勇気を持って就職戦線に一歩踏み出しましょう。

2020年度だけでなく21年度も採用活動が混乱

梅崎先生が語るように、新型コロナウイルスの影響で疲弊した企業の採用活動が大きく混乱していることは、データからも明らかです。

２０２０年３月末に行われた株式会社ディスコの調査では、２０２１年卒採用について、以下の報告がされました。

※（調査対象　全国主要企業１３９２０社、・調査方法、インターネット調査法、・回答社数、８６４社（従業員数、３００人未満２９０社、３００～９９９人２７８社、１０００人以上２９６社）（業界、メーカー３３１社、商社流通１８３社、金融56社、ＩＴ１１４社、サービスその他１８０社）（上場１９９社、非上場６６５社）

①採用活動への影響は、「かなり影響がある」が全体で46・３％、従業員１０００人以上の企業で56・４％。業界別ではＩＴ関連53・５％、商社流通49・２％。

②20年３月下旬時点での採用活動状況は「基本的に進めてはいるが一部見合

わせている」が全体で47・7%。

③21年度の採用予定数は、「当初の計画通り」が全体の7割を占めるものの、下方修正が9%、検討中が19・8%。

④就職活動時期への影響は、「当初の予定通り」が60・5%、開始が遅れるケースは「2週間程度」と「1カ月程度」が各10%。採用活動終了時期は、「やや遅れる」と「大幅に遅れる」が合わせて52%。

また採用活動への危機感は、

①「かなり危機感がある」と「危機感がある」を合わせると91・5%。

②採用活動の課題としては、「母集団形成（応募者数の確保）」が63・3%。「早期接触からのつなぎ止め」が44・2%。

つまり多くの企業が採用活動に戸惑い、一時的には採用数を減らす方向で考えていることは間違いありません。その意味で、今後も続くｗｉｔｈコロナ状況での採用戦線は、これまでの「売り手市場」から学生には不利な「買い手市場」になっていくことでしょう。

しかし、その状況下でも、6割以上の企業が、「応募する学生を再度集めたい」と思っているのです。それだけ各企業は、学生とのコンタクトに手間取ってはいるものの、優秀な学生に会いたいという気持ちはコロナ前と変わらずにキープしている。

ここにこそ、梅崎先生が語る「チャンス」があります。

企業の側にも構造的な変化がある

さらにこのｗｉｔｈコロナの状況での各企業の「構造的な変化」も見ておかなければなりません。

あとの章でさまざまな企業の採用担当者の生の声をお届けしますが、コロナ禍が広がる以前から、各企業では「新規事業開拓の必要性」が叫ばれています。

世の中の変化があまりに早くなっている現在、これまでそれぞれの企業を支えてきた本業は、総論的に言えば予断を許さない状況になっています。その中で、各企業は何らかの変化を求められ、常に二の矢、三の矢の新事業を育てて収益源を確保しておかなければなりません。

ましてｗｉｔｈコロナの状況では、本業が頓挫することも想定に入れながら、これまで蓄えた企業の「強み」を多方面に展開することが求められています。

そういった状況下で、採用状況はどう変化していくのでしょうか。

「企業がメイン事業だけでなく新規事業に力を入れているのは、ここ20年来のトレンドです。それだけ市場の変化は激しく、未来は不可視状態になっています。さらにここにきてコロナ禍が重なったことで、市場は余計に予測不能となりました。

そういう時代に求められるのは、『変化に対応できる学生』です。新しい事業を創造できる学生、新しい事業を切り開いていける学生がほしいのです。もちろん採用する学生全員にこの能力を求めるわけではありませんが、各企業は採用数の何割かは、こういう能力を持つ学生を採用したいと思っています」と、梅崎先生は今後の企業の採用トレンドを分析します。

では、各企業はこういう能力をもっている学生をどんなところで見極めるのでしょうか。梅崎先生によれば、「その一つは、『文章力』から見極める『論理的思考能力、認知能力』になる」と言います。

つまり、これまでに増して、企業は採用試験において文章力を重視することになる。

また1章のマイナビ担当者の声にも現れていますが、リモートワークが増えてくると、社員も管理職もこれまで以上に「言葉によるコミュニケーション力」「文章で相手の心に火をつける力」が求められます。

これまでなら同じオフィスで顔をつきあわせ、言葉以外の「ノンバーバル」なコミュニケーションも重要な要素でした。たとえば肩を叩いて激励する、一緒に食事する、飲みに行く等の行為も「対面のコミュニケーション」だったのです。

ところがリモートワークになると、こういうコミュニケーションは日常的にはできません。働く場所も離れている、もしかすると働く「コアタイム」も違う、そんな相手の心に「火」をつけるのは、仕事のビジョンや目的、使命を的確に言葉で表現できる管理職たち。またそれを理解する能力が社員には求められます。

つまりこれまで以上にビジネスシーンで「文章力」は大切なスキルになってくるのです。

これからのESに求められる能力とは

となるとｗｉｔｈコロナ状況下の就職活動で、本書の主題である「ES＝エントリーシート」はどのような位置づけになるのでしょうか。また、企業は、ESから学生たちに何を求めているのでしょうか？

企業側の担当者の声は1章で詳しく述べますが、学生を指導する立場である梅崎先生によれば、就職活動時に必ず課されるESから、企業が読み取ろうとしている学生の能力には3つのポイントがあるといいます。

具体的な文章の指導は4章以降で展開しますが、3つの能力は、以下になります。

一つ目は「社会常識、知識としての文章力」です。

これは小中学校レベルの「作文の書き方」です。誤字脱字がないか。敬語が正しく使えるか。語尾が整っているか。文章に整合性があるか。これらができていなければ採用には至りませんし、仮に採用されたとしても、大学卒業生に期待されるような仕事は与えられません。

ここで試されている文章力は、狭い意味での「国語力」と言ってもいいでしょう。

二つ目は、「論理的思考力としての文章力」です。

ここでは、いわゆる「学力」が求められています。

たとえばゼミである町のフィールドワークを行い、そこに生まれたコミュニティカフェについて調べるとします。学生にテーマを見つけさせて、レポートを書かせる。その時に梅崎先生は、「論理的思考能力があるかないかがはっきりする」と言います。

たとえば、学生A君は、そのカフェに集まってくるおじいちゃんおばあちゃん、あるいは孫たちの様子を見て、「みんな楽しそうに会話を楽しんでいます」というようなレポートを書きました。子どもたちの楽しそうな様子やおじいちゃんおばあちゃんと孫たちの会話が、詳しく書かれています。

それに対してBさんは、まずこの街の商店街の歴史を調べて、この10年間でどんな動きがあったかに注目をしました。またこの街だけでなく、日本中のニュータウンの状況も調べ、この10年間に各地でどんなことが起きているかの概観もつかみました。

かつてどの街でも、約10年前まではニュータウンと言われていた住宅地の商店街は人通りも多く、にぎわっていました。ところが全国的に少子高齢化が進み、2008年を転換点として、どこのニュータウンでも空き家が増えました。商店街にも人通りが少なくなって空き店舗が増え、いつの間にか過疎化が始まり、コミュニティも崩壊の危機となりました。

その時この商店街では空き店舗を使って「コミュニティカフェ」をつくる若者が現れて、そこにおじいちゃんおばあちゃんがやってくるようになりました。おじいちゃんおばあちゃんは、新しい店を求めてやってきただけではなくて、かつての街のにぎわいを懐かしんでやってきたのです。

こうしてみるとこのカフェの誕生は、コミュニティの「消滅と再生」の物語として論じることができます。

それがBさんのレポートの骨子になっていました。

AくんとBさんのレポートを比べれば、どちらが論理的思考能力があるかは一目瞭然です。

自分の目の前に起きている事象しか見ていないA君と、カフェの誕生をニュータウンの歴史からひも解いて、なぜここに高齢者が集まってくるのかの深層を描いたBさんでは、明らかにBさんのほうが論理的思考能力に長けています。

もしこれが採用に関する論文試験なら、通常の企業はやはりBさんを選びたいと思うでしょう。

就活の時に書くＥＳにおいても、課されたテーマに対してＢさんのような論理的思考力を駆使した文章が書けるかどうかがポイントとなります。

少なくとも目の前の事柄の感想を書くだけでなく、そこから論旨を広げたり展開したりすることができるかどうか。企業はそこを見ているのです。

また梅崎先生はいいます。「このような文章力が問われるのは、ＥＳだけではありません。面接でも論理的に話すことができるかが問われています」。

例えばノリで話すのが得意な学生も、いざ話の内容を文章に書いてもらうと、全く意味が読み取れないことがあります。

このように、あらゆる場面で論理的思考が求められているのです。

そして3つ目の能力は「自分の言葉で文章を書けるかどうか」、です。これについては次の段落で詳しく説明します。

キラキラ体験談ではない、自分にしか書けない言葉で

ESで求められる3つ目の能力は、自分の言葉で文章を書く力、つまり「経験がつまった言葉で語る表現力」です。

これは、「流暢で説得力のない言葉、ではない言葉」を語る力、を指しています。

あとの章で述べる各企業の採用担当者の言葉にもあるのですが、学生たちのESを見てみると、企業のホームページに使われている言葉をそのまま使ったり（中には別の企業の言葉を使ってしまう学生も！）、トレンドになっている言葉やかっこいい言葉を使いたがる傾向があります。

これは残念ながら、結婚式の司会者のスピーチや学校行事の来賓挨拶のように、「流暢だけど心に残らない、心に響かない言葉」になってしまっています。

ＥＳの場合、学生たちは約20年間のそれまでの人生の中での「経験」を書くことになりますから、ほとんどの人が、「ゼミ、サークル（部活動）、アルバイト、海外体験」といった、同じような経験ばかりになります。

もちろんそれらを書くのは悪いことではないのですが、多くのＥＳを見ていると、「ゼミのリーダーになった」「サークル（部活動）で優勝した」「海外留学をして辛い時期を乗り越えた」という、ただの「キラキラ体験談」になってしまいがちなのです。

そういうＥＳに限って、文末は「苦しさを乗り越えた体験が力になった」とか、「大勢の人の力を借りて今の私があります」といった、「流暢だけれど説得力に欠ける言葉」になりがちです。

企業の採用担当者は、そういうＥＳには辟易していて、「なにも印象に残らない！」。むしろ求めているのは、耳に心地よい言葉ではなく、ごつごつしていてもいいから「この学生にしか書けない言葉」、つまり「汗くさいほどの経験の匂いがムンムンする言葉」なのです。

たとえば芸能界では、こんなエピソードが語られています。

かつてまだ若いころの木村拓哉さんは、とあるテレビ番組のオーディションで「好きな食べ物はなんですか?」と聞かれて、こう答えたといいます。

「お母さんがつくってくれたお稲荷さん」。

これを聞いて、審査員だった萩本欽一さん(お笑い界の大御所で、当時は何本も自分の番組をもっていました)は、「キミこそスーパースターだ!」と即決でキムタクを合格にしたそうです。

ちなみに一緒にオーディションを受けていた若手アイドルは、ただ単に「オムレツ」や「カレー」というように答えていて、みな不合格になっていました。

つまりこの時萩本欽一さんは、単なるオムレツやカレーではなく、彼のイメージとはほど遠い食べ物でなおかつ「お母さんがつくってくれた」という表現に、キムタクにしか言えない言葉の力を感じたのです。

同じことが現在の採用試験でも言えます。このことは、具体的に文章術を述べる4章以降でも詳しく語っていきましょう。

自分だけの言葉を見つけるために、思考を「ねばる」こと

ではどうすれば企業が求めるような「自分にしか語れない言葉」を見つけられるのでしょうか？　あるいは論理的思考を身に付けることができるのでしょうか？

こう言うと、今の学生たちは、すぐにスマホを取り出し、「自分だけの言葉」や「論理的な思考」を検索しそうな勢いです。

けれども、そういう行動ではこれらの課題はクリアできないと梅崎先生は言います。

「どこかから正解を検索して即座にコピーしてくるのではなく、ある一定期

間、ずーっとそのことについて考え続けてみることが大切だと思います」。

この体験を書きたいというときに、ぱっと見つかる言葉もあるでしょうが、それで満足をせずに、そこからずーっと1カ月くらいはそのことを考えて日常を過ごすのです。するとその思考は顕在化し、寝ても覚めてもそのことから離れられなくなります。そしてある日ある時、思いもかけない方向から素晴らしいアイデアが生まれてくる。ニュートンの「落ちたリンゴから万有引力の法則が生まれた」というエピソードはそのことを指しています。そしてそこから生まれる言葉を大切にしていくのです。梅崎先生はこう続けます。「つまりテンプレートされた言葉を一度はぎ取って、わかりにくさと向かい合う。言葉が熟成する時間こそを大切にしてほしいと思います。

厳しい言い方ですが、ESを書く直前にあわてて自分と向き合うのでは遅いのです。その前からずっと自分と向き合い、それを他人に向けて、自分流の言葉の選択をしてきた人こそが、魅力的なESを書くことができ、魅力的な人になれるのです」。

ちなみにここで語られた「ESを書くずっと前から」という表現は、コロナ時代の就職戦線にはとても重要です。これまでの「ずっと前」とコロナ後の「ずっと前」は、意味が根本的に異なります。以下の章でそのことをしっかりと把握してください。

このwithコロナの就活戦線は「長引くだろう」というのが多くの関係者の見方です。

大学3年生の夏に本格化するインターンから3月の就活解禁を経て、内定が出るまで1年以上続きます。その間、インターン応募時にもESを書く場合もありますし、3月の解禁時だけでなくその後の面接でも、あるいは内定が決まって以降も、2章で担当者が語るように「文章を書かされる」タイミングはしばしばあります。

また多くの担当者に聞くと、実際に社会人になってからも文章力が試される場はいくつもあると言います。リモートワークになって以降、むしろ管理職にこそが文章力が問われているとも言われています。

そう考えると、就活時は「文章力を身に付ける」最適な時期だとも言えるのです。

それまでの約20年間を振り返ると、文章を書くことに向かい合ったのは小中学校時代の「作文」や「読書感想文」、高校時代の「現代国語」の授業、そして大学入試の小論文以外はあまりないというのが学生たちの実情のようです。

その時々はまじめに取り組んでも、それだけで社会で必要とされる文章力が身に付くわけではありません。

まして「学生の読解力が落ちている」と言われる昨今、学生たちの文章力も未熟なものになっています。

そして社会に出てしまえば、コロナ以前は改めて「論理的な文章」や「自分にしか書けない言葉」が求められるシーンはほとんどありませんでした。

しかしそういう文章が書ける人と書けない人とでは、その評価はくっきりと分かれていたことも事実です。書ける人は自分の意志をしっかりと周囲に伝えられ、その心に「火をつける」ことができる。書けない人はそれができないから、リーダー不適格と烙印を押される。

そう考えると、就活の時期は社会人になる前の最後の「文章力強化期間」と言ってもいいでしょう。

ものすごく貴重な文章修行の1年間、あるいは2年間でもあるのです。

本書を通じて、社会でも生き残れる文章力を

本書はこのような状況を考え、前半で、キャリアデザインを専門にする教育者である梅崎先生と、各企業の採用担当者に就職活動状況とそれに対する心構えについても語ってもらっています。そして後半では、プロの作家である私、神山典士が、学生たちのＥＳのための文章を指導していきます。

単に就活のための文章指導ではなく、「論理的な思考方法」や「自分しか書けない言葉探し」を含めて、社会人になってからも使える文章力を目指して指導していきます。

ぜひ本書を通して、目の前の就活に結果を出すだけでなく、社会に出ても使える文章力をもった、論理的思考力のある人材になってください。

ｗｉｔｈコロナの激動の社会で、読者のみなさんがこの状況を切り開く「主人公」になれることを願っています。

CHAPTER 1

マイナビ特別章

マイナビ・リサーチ部が見たコロナ直撃世代の採用戦線

変わる常識変わらない常識

就職活動に当たる学生のほぼ全員が活用し、全国1万社以上の企業がそのサイトを通して就職活動中の学生と接触するマイナビ。マイナビはその活動を通して学生（就職活動）側と企業（採用活動）側の両方の情報を持つ、日本有数の情報企業と言っていいでしょう。

２０１９年12月に中国武漢で発生し、あっと言う間に世界中を覆って経済活動をマヒさせた新型コロナウイルス。この感染拡大に根底から影響を受けた２０２０年度就職採用戦線は、はたしてどのような結果となったのか。そこから21年度、22年度の同戦線はどのように予想されるのか？　ＥＳは今後どのような扱い、存在になるのか？

そういったことについて、社長室　ＨＲリサーチ部課長の東郷こずえさんと、社長室ＨＲリサーチ部 部長の栗田卓也さんにお話を伺いました。

ここでは5つのテーマに分けて、マイナビがつかんだ情報を聞き出してみましょう。

圧倒的なデータ量から語られる就職採用戦線の実態。そこにはこれまでの同戦線の常識を覆すような、驚きのデータも含まれていました。

1 売り手市場？　買い手市場？ コロナ直撃世代の戦線の行方は？

株式会社マイナビ、HRリサーチ部課長で、キャリアコンサルタントの資格も持つ東郷こずえさんは、インタビューの冒頭でこう語りました。

「新型コロナウイルスの影響により世界経済は大打撃を受けました。日本ではオリンピックが延期になったりしましたから、余計に各業界で経済的な打撃は少なくありません。これからコロナが収束に向かうのか、あるいは第二波第三波があるのか、現段階（2020年9月30日）では予断を許さない状況です。それを前提に、2020年度の就職採用戦線の動きと、21年度と22年度の同戦線の予測をお話ししたいと思います」。

まず就職戦線が「買い手市場」になるのか？　従来通り「売り手市場」のままなのか？　その点についてはこう語ってくれました。

「企業の採用意欲に関しては、コロナの影響を受ける前（２０１９年10月～20年1月ころ）と受けた後の6月時点では、『採用予定数を減らした』企業が1割程度増えています。『増やした』企業はほぼ変わりませんが、『前年並み』という企業が11ポイントほど減っている。つまり採用数減に動いたことは間違いありません。ことにコロナの影響を大きく受けた航空会社、旅行会社、サービス関連業界では、やはり減少する傾向にありました。

ただし言えるのは、ある程度長期的なスパンで見ると、人口減少によって労働力人口も減少していきますから、日本経済において若い労働力は絶対的に不足しています。ワクチンがいつできるかは未定ですが、コロナがある程度抑えられたら経済は回復し、再び『売り手市場』になると見て間違いありません」（東郷さん）。

これに対して梅崎先生は、現場の学生たちのリアルな姿を目の当たりにしているだけに、こう語ります。

「とはいえ20年度から22年度の卒業生は、コロナの『直撃世代』といえると思います。コロナが世界的に終息するまでは世界経済は不安定ですから、やはり『先輩よりも就職市場は厳しい』と思いながら就活を続けるべきです。問題はこの3年間でどれくらい採用が落ち込むのかということ。そこはまだ誰も正確な予測はできませんから、学生たちはよく業界動向を見ながら自分で判断をして

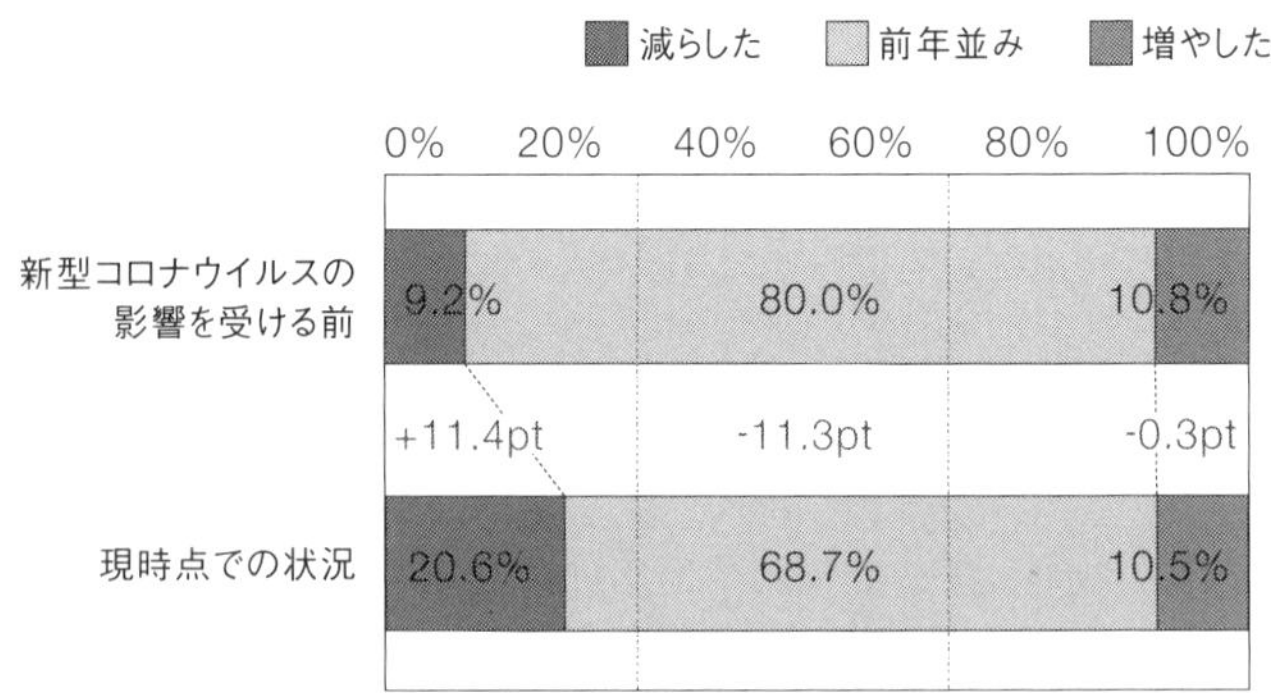

「採用予定数の前年との比較」出所：マイナビ2021年卒企業採用活動調査（6月実施）

いかなければなりません」。

一方で経済界全体の動向を見ているのは栗田さんです。

「多くの企業が考えているのは、コロナでいくら業績が悪くなって経営が厳しくなっても、バブル崩壊期のように『新卒採用を辞めてしまってはいけない』、ということです。あの時は大手企業も数年間新卒採用を控えてしまいました。

いわゆる就職氷河期をつくってしまったのです。その結果どうなったかというと、弊社などもそうですが、10数年たってから40代の経営を担うプロパー社員がいなくなってしまいました。中途採用をしないと経営が立ち行かなくなってしまったんです。

これでは企業の成長はおぼつかない。ですからどんなに経営環境が厳しくなっても、採用数を減らす、もしくは隔年でもよいので一定数の新卒は採るというのが、コロナ下においても各社に共通した考えだと思います」。

さらにコロナの影響で、採用スケジュール等は例年に比べて変わったのでしょうか?

「コロナ前までは、これまでずっと続いた『売り手市場』の影響で、企業側の競争が激化してあらゆるフェーズが前倒しになっていました。つまり政府主導で出された『3年生の3月に企業の広報活動開始。6月に選考活動開始』というスケジュールよりも早め早めに動いていたのです。人材確保に躍起になった企業はかなり前倒しで採用活動を進め、3月には個別企業セミナーから面接までが開始され、4月の段階では早々に内々定を出す勢いでした。ところがちょうどそのタイミングでコロナの影響が拡大して緊急事態宣言が出されたため、セミナーや面接がWeb化されたり、実施時期が後ろ倒しになるなど分散化しました。お蔭で内々定出しの開始時期も、当初の予定では4月と思われていましたが、ピークは6月の下旬から7月になりました。」(東郷さん)。

新型コロナウイルスの影響による採用スケジュールの変化

【2～3月調査】採用スケジュール（開始月）

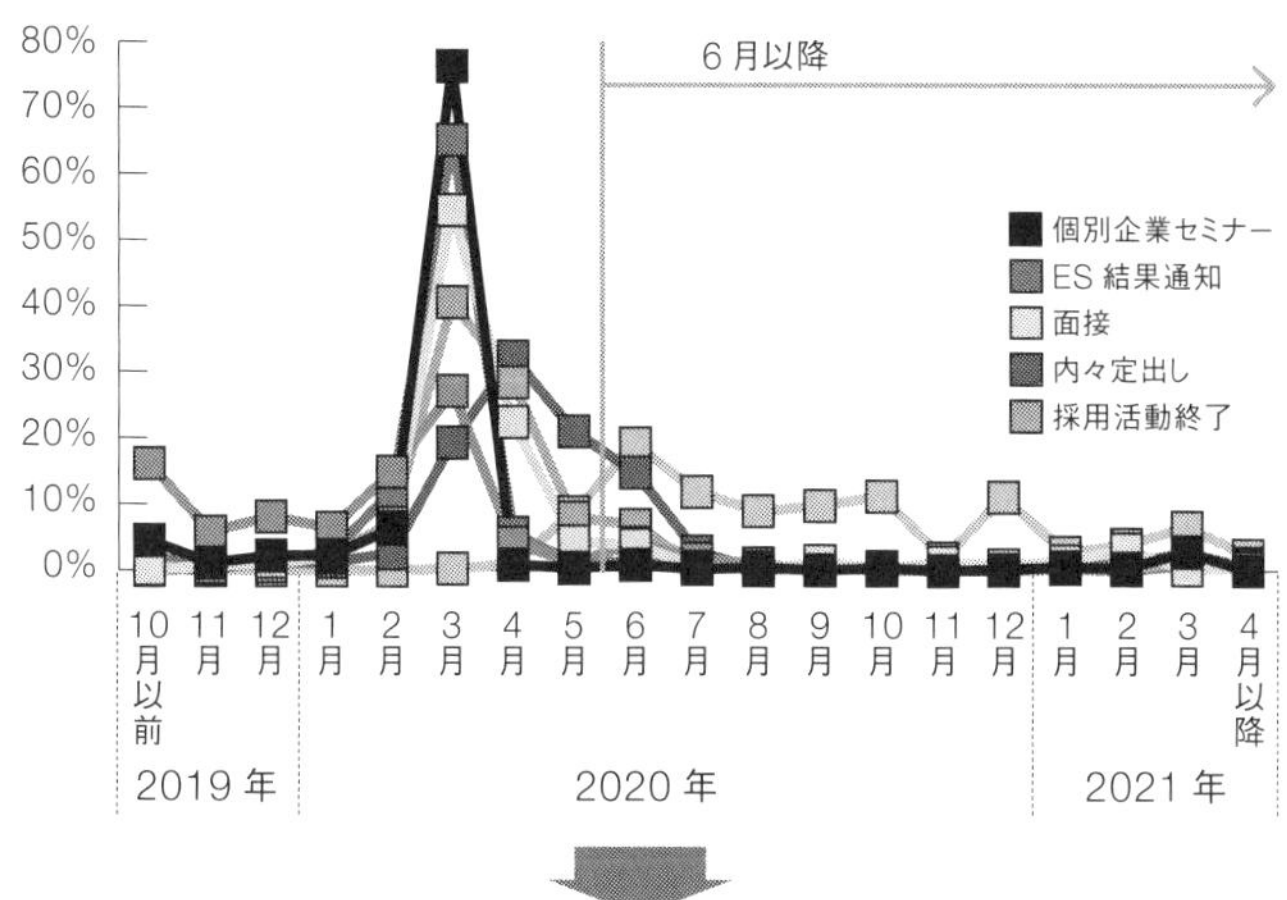

【5月調査】採用スケジュール（実施月全て）

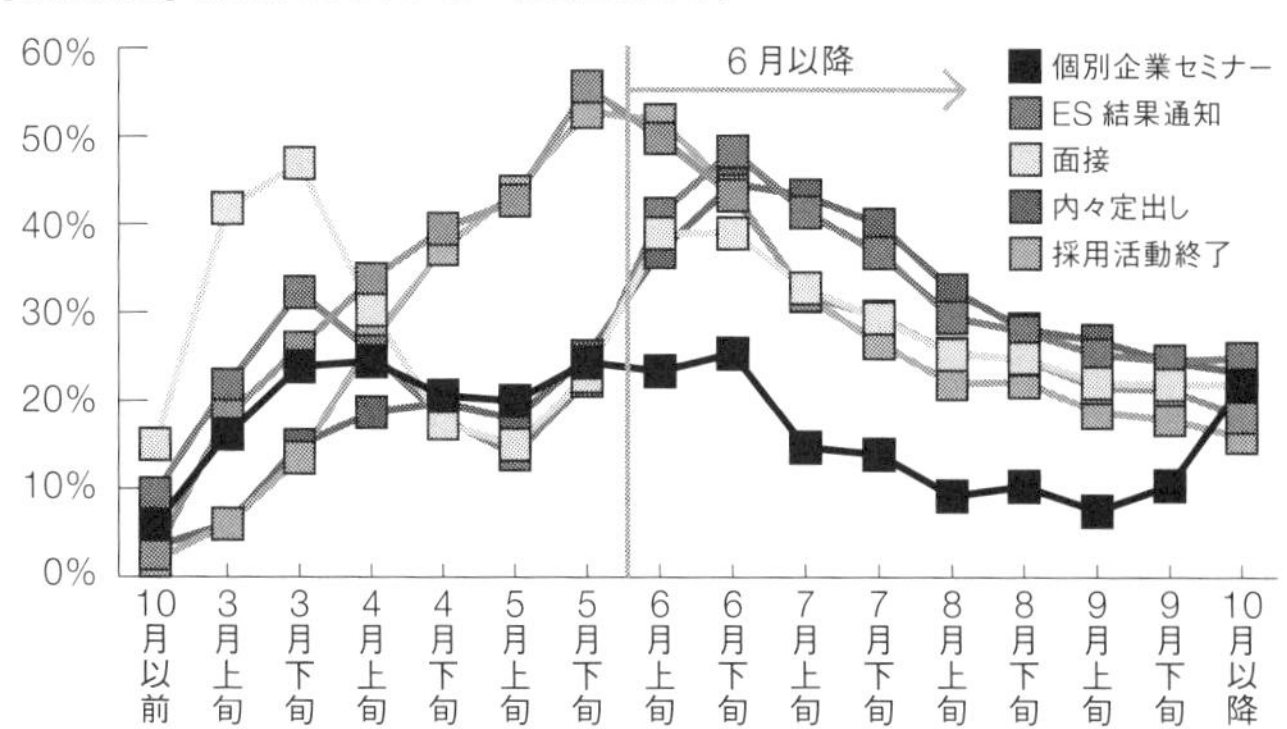

「採用スケジュール（開始月）」出所：マイナビ2021年卒企業新卒採用予定調査（2月～3月実施）
「採用スケジュール（実施月）」出所：マイナビ2021年卒企業新卒採用予定調査（5月実施）

企業が内々定を出す時期

<参考>　内々定出し　当初の予定　【2～3月実施調査】

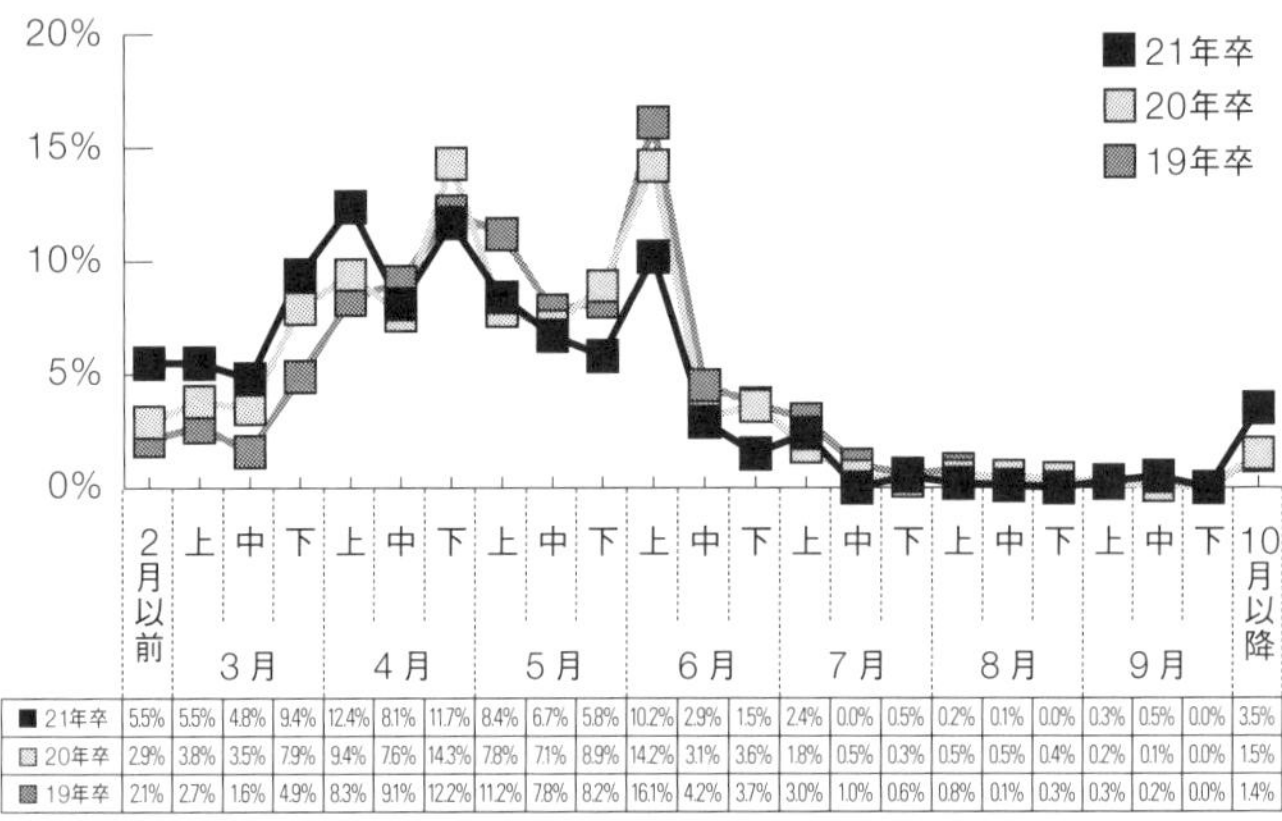

	2月以前	3月上	3月中	3月下	4月上	4月中	4月下	5月上	5月中	5月下	6月上	6月中	6月下	7月上	7月中	7月下	8月上	8月中	8月下	9月上	9月中	9月下	10月以降
21年卒	5.5%	5.5%	4.8%	9.4%	12.4%	8.1%	11.7%	8.4%	6.7%	5.8%	10.2%	2.9%	1.5%	2.4%	0.0%	0.5%	0.2%	0.1%	0.0%	0.3%	0.5%	0.0%	3.5%
20年卒	2.9%	3.8%	3.5%	7.9%	9.4%	7.6%	14.3%	7.8%	7.1%	8.9%	14.2%	3.1%	3.6%	1.8%	0.5%	0.3%	0.5%	0.5%	0.4%	0.2%	0.1%	0.0%	1.5%
19年卒	2.1%	2.7%	1.6%	4.9%	8.3%	9.1%	12.2%	11.2%	7.8%	8.2%	16.1%	4.2%	3.7%	3.0%	1.0%	0.6%	0.8%	0.1%	0.3%	0.3%	0.2%	0.0%	1.4%

21年卒　内々定出しを行う時期全て（複数回答）【5月実施調査】

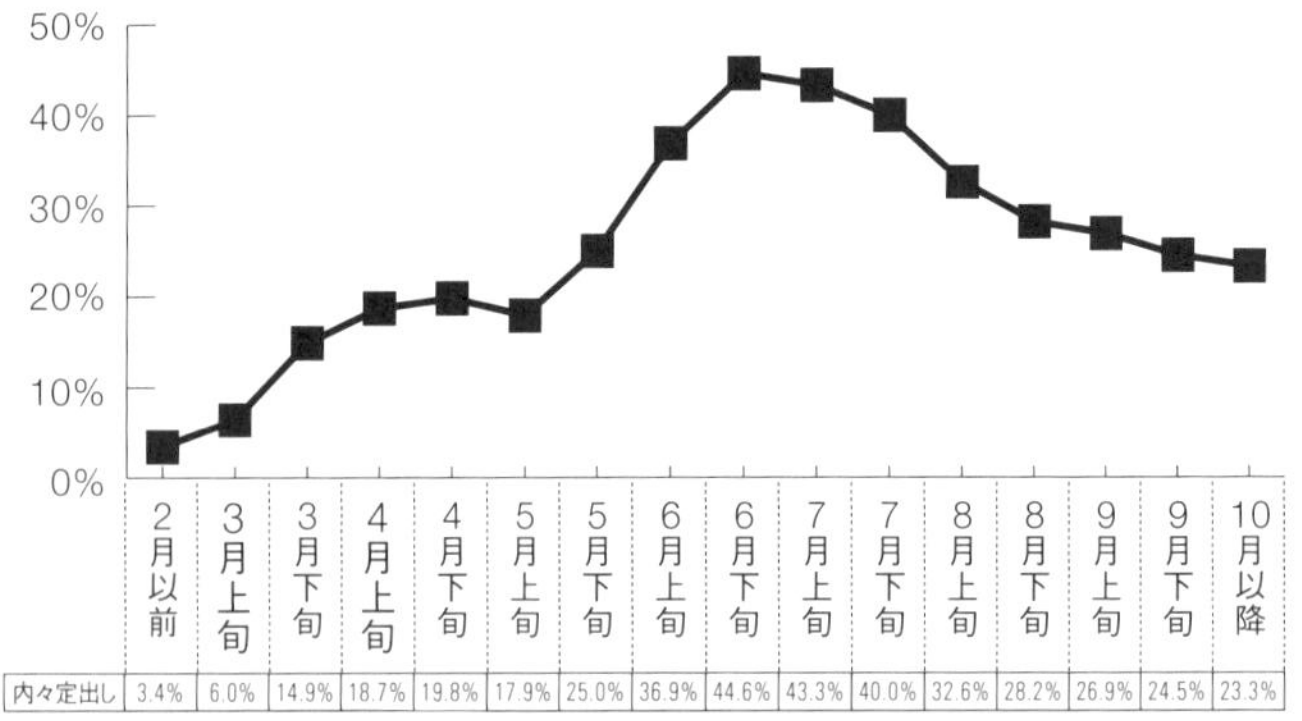

	2月以前	3月上旬	3月下旬	4月上旬	4月下旬	5月上旬	5月下旬	6月上旬	6月下旬	7月上旬	7月下旬	8月上旬	8月下旬	9月上旬	9月下旬	10月以降
内々定出し	3.4%	6.0%	14.9%	18.7%	19.8%	17.9%	25.0%	36.9%	44.6%	43.3%	40.0%	32.6%	28.2%	26.9%	24.5%	23.3%

「<参考>　内々定出し　当初の予定」
出所：マイナビ2021年卒企業新卒採用予定調査（2019年卒分より　毎年2月～3月実施）
「21年卒　内々定出しを行う時期全て」出所：<緊急調査>マイナビ2021年卒企業新卒採用予定調査（5月実施）

2 インターンシップの重要性

また、東郷さんはインターンについては、こう語ってくれました。

「インターン重視の傾向はここ数年で顕著になり、今後もそのトレンドが続くと思われます。最近では3年生の7、8月に長期インターンを募集する企業が増えました。人気企業だと本番の採用よりもインターンの方が厳しい倍率になるようです」。

梅崎先生も、「確かにそうですね。人気企業のインターンシップは、本採用よりも枠が少ない場合もあるかもしれません。しかも採用時のように何度も面接をしたりはできませんから、ある意味インターン用はES一回、面接

企業のインターンシップの実施率の推移

年度別 企業のインターンシップ実施率

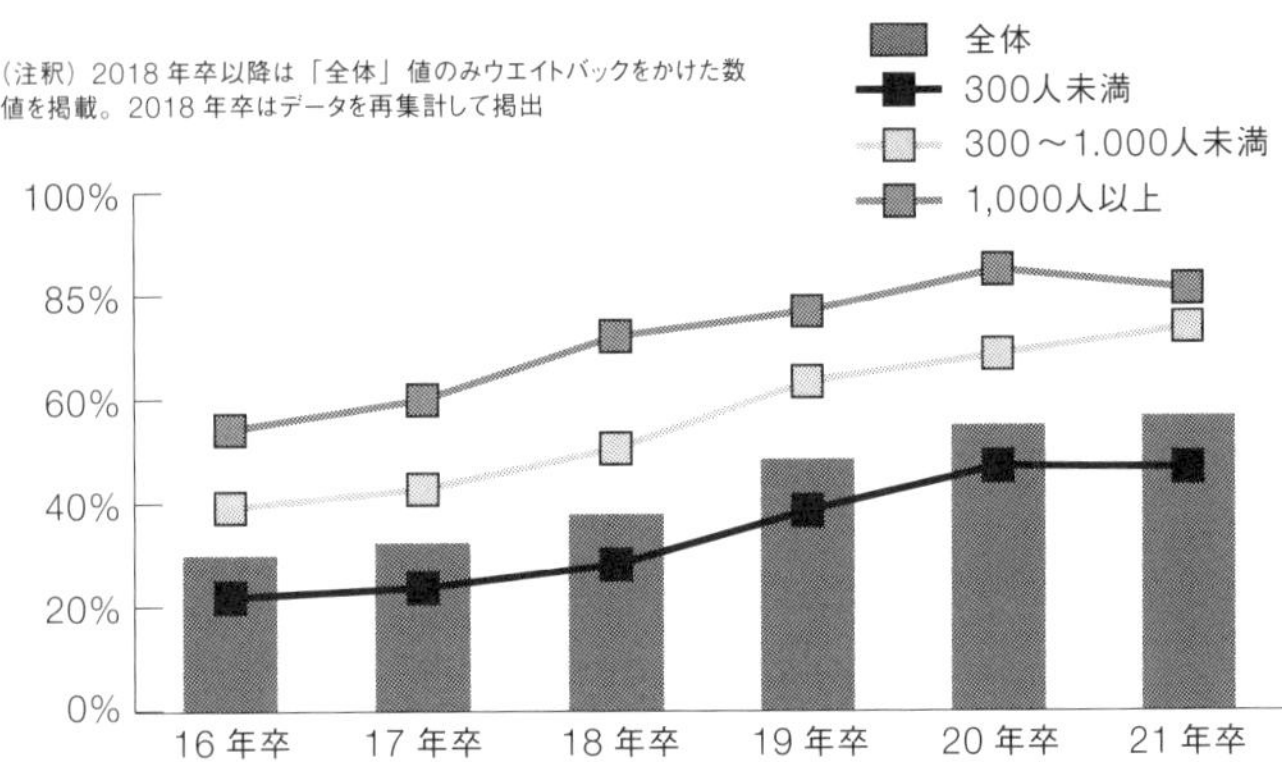

「企業インターンシップ実施率」出所：マイナビ 2021 年卒企業採用活動調査（6 月実施）

企業のインターンシップ実施時期

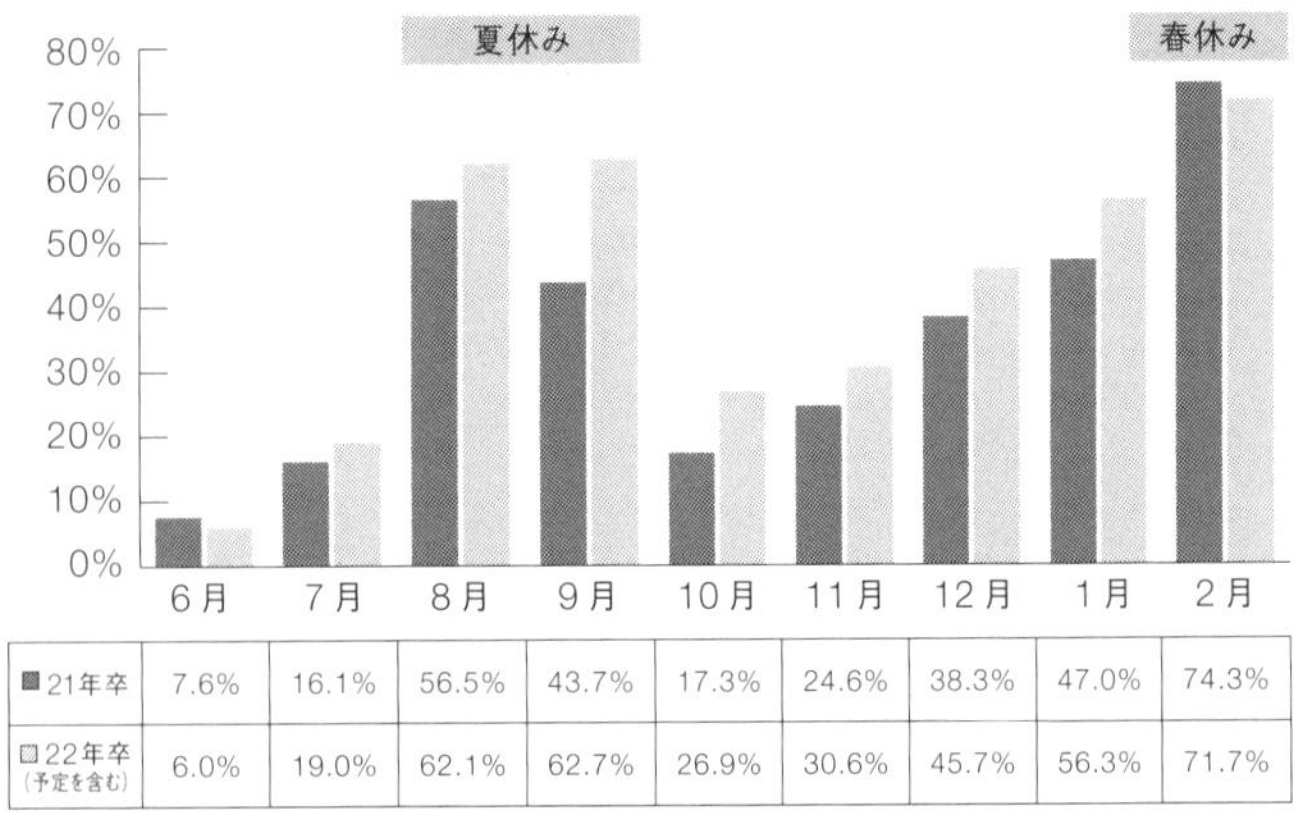

	6月	7月	8月	9月	10月	11月	12月	1月	2月
■21年卒	7.6%	16.1%	56.5%	43.7%	17.3%	24.6%	38.3%	47.0%	74.3%
□22年卒（予定を含む）	6.0%	19.0%	62.1%	62.7%	26.9%	30.6%	45.7%	56.3%	71.7%

「インターンシップ実施時期」出所：マイナビ 2021 年卒企業採用活動調査（6 月実施）

一回で合格不合格が決まると言えます。つまり本番よりも厳しくふるいにかけられるわけです」と指摘します。

東郷さんは、学生たちのインターンシップ参加への目的をこう語ります。「学生たちにインターンシップに参加した目的を聞いたところ、多かったのは『特定の企業のことをよく知るため』『特定の企業が自分に合うか確かめるため』という『特定の企業とのフィット感』を確認して狙い（就職先）を絞り込む目的（焦点化）がありました。

もう一方では、『社会のことを何も知らないから視野を広げるため』とか、『自分が何をやりたいのか見つけるため』『自分が何に合うのか試すため』といった、対象を広げるため（視野の拡大）の二軸があることがわかりました。またインターンシップ以外の就職活動準備を行おうとした目的は『就職活動に対する不安をもっと減らしたいから』がトップの理由です」。

学生のインターンシップに参加する目的

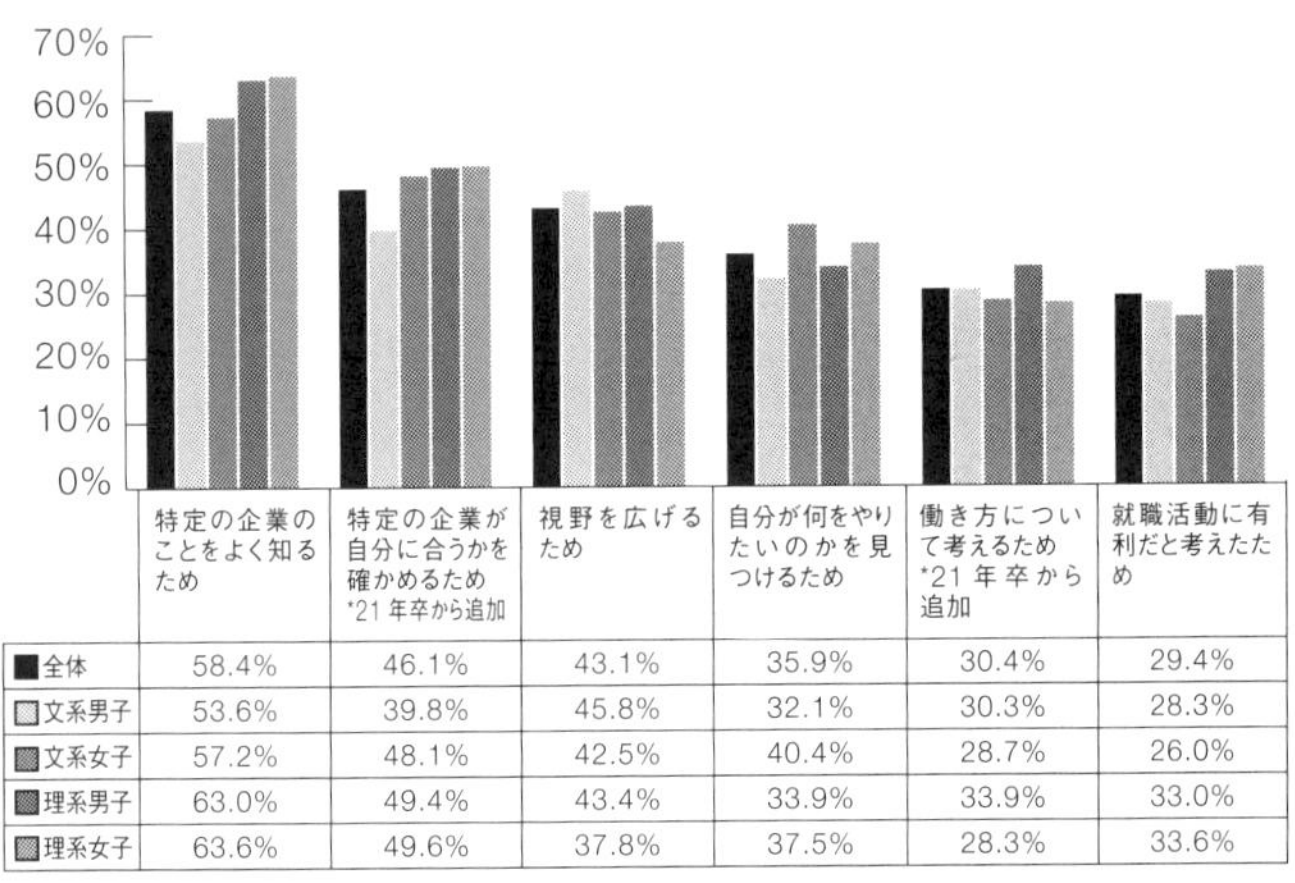

	特定の企業のことをよく知るため	特定の企業が自分に合うかを確かめるため *21年卒から追加	視野を広げるため	自分が何をやりたいのかを見つけるため	働き方について考えるため *21年卒から追加	就職活動に有利だと考えたため
■全体	58.4%	46.1%	43.1%	35.9%	30.4%	29.4%
□文系男子	53.6%	39.8%	45.8%	32.1%	30.3%	28.3%
■文系女子	57.2%	48.1%	42.5%	40.4%	28.7%	26.0%
■理系男子	63.0%	49.4%	43.4%	33.9%	33.9%	33.0%
■理系女子	63.6%	49.6%	37.8%	37.5%	28.3%	33.6%

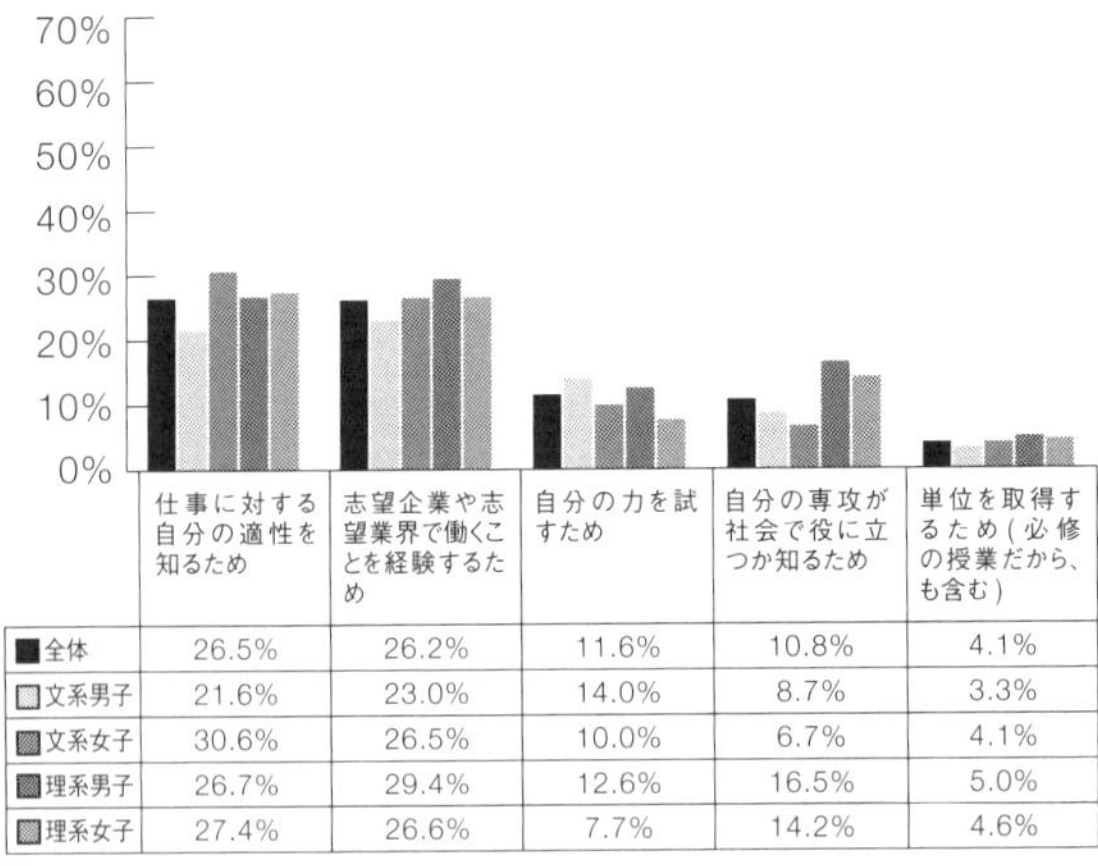

	仕事に対する自分の適性を知るため	志望企業や志望業界で働くことを経験するため	自分の力を試すため	自分の専攻が社会で役に立つか知るため	単位を取得するため（必修の授業だから、も含む）
■全体	26.5%	26.2%	11.6%	10.8%	4.1%
□文系男子	21.6%	23.0%	14.0%	8.7%	3.3%
■文系女子	30.6%	26.5%	10.0%	6.7%	4.1%
■理系男子	26.7%	29.4%	12.6%	16.5%	5.0%
■理系女子	27.4%	26.6%	7.7%	14.2%	4.6%

「インターンシップに参加する目的」 出所：マイナビ2021年卒大学生広報活動開始前の活動調査　（1～2月実施）

さらに栗田さんは、学生たちがインターンシップをどうとらえているかについて、「注目すべきは、インターンを受けた企業の採用選考を受けた学生の割合は増え続けていて、20年度の学生では89・5%にもなっていることです。つまりインターンシップが、その後の就活に及ぼす影響は強くなっている」と指摘します。

「実際にインターンシップが内々定獲得に役立ったと感じている学生は8割を超えていて、前年比7・9ポイントも増えています。その理由としては、インターンシップを経ることによって業界や企業や職種への理解が深まったという回答が多いです。全体的に前年よりも割合は増えています。

20年度の就職活動では、コロナの影響で合同企業説明会や個別企業セミナーが延期や中止になるなど、企業理解の機会が制限されたために、相対的にインターンシップの価値が上がったと推察されます。この傾向は今後も増えていくでしょうね」(栗田さん)。

社会人と話して自分に起こった変化（上位 5 項目抜粋）

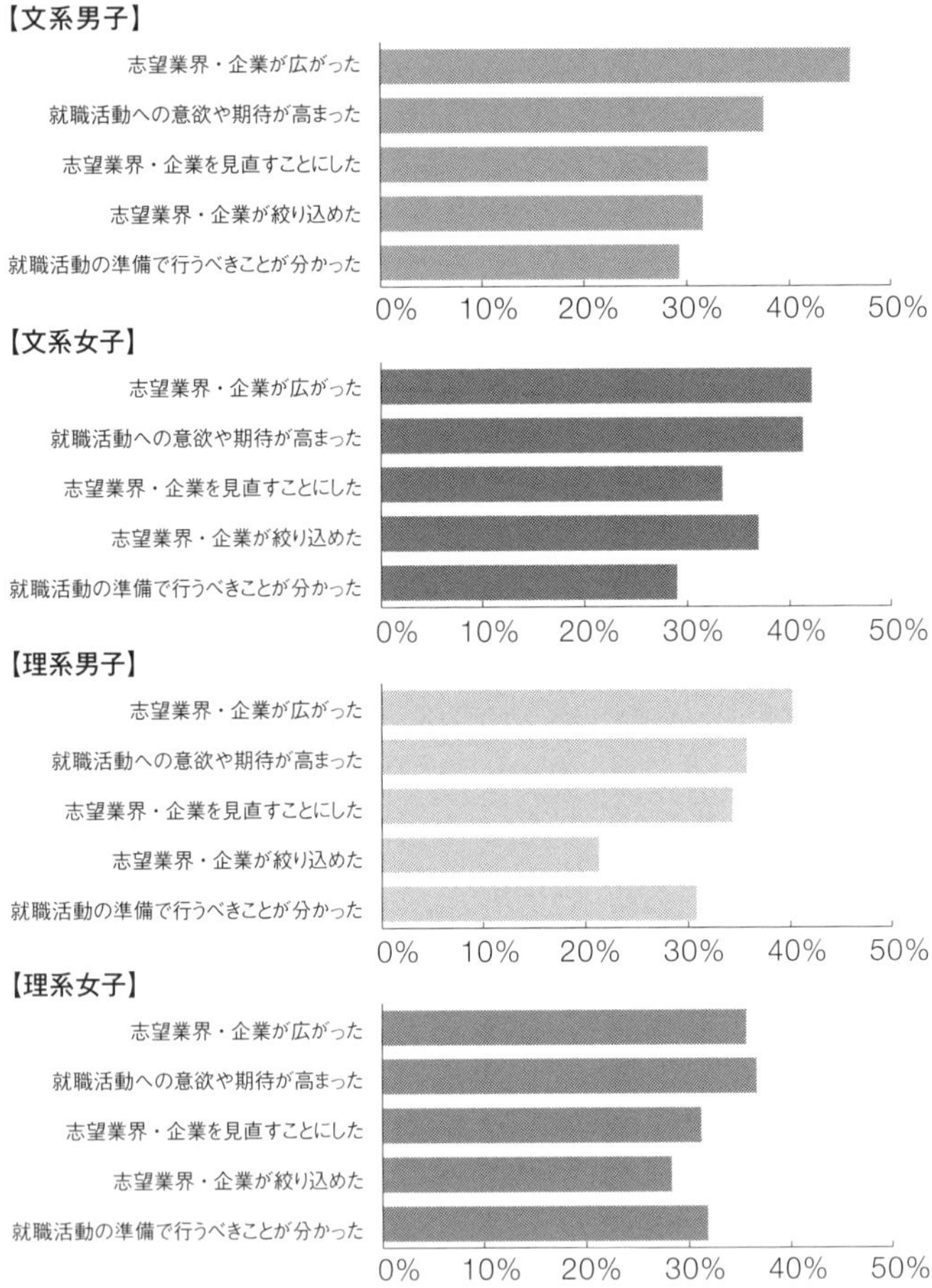

【文系男子】

志望業界・企業が広がった
就職活動への意欲や期待が高まった
志望業界・企業を見直すことにした
志望業界・企業が絞り込めた
就職活動の準備で行うべきことが分かった

0% 10% 20% 30% 40% 50%

【文系女子】

志望業界・企業が広がった
就職活動への意欲や期待が高まった
志望業界・企業を見直すことにした
志望業界・企業が絞り込めた
就職活動の準備で行うべきことが分かった

0% 10% 20% 30% 40% 50%

【理系男子】

志望業界・企業が広がった
就職活動への意欲や期待が高まった
志望業界・企業を見直すことにした
志望業界・企業が絞り込めた
就職活動の準備で行うべきことが分かった

0% 10% 20% 30% 40% 50%

【理系女子】

志望業界・企業が広がった
就職活動への意欲や期待が高まった
志望業界・企業を見直すことにした
志望業界・企業が絞り込めた
就職活動の準備で行うべきことが分かった

0% 10% 20% 30% 40% 50%

「社会人と話して自分に起こった変化（上位 5 項目）」
出所：マイナビ 2021 年卒大学生広報活動開始前の活動調査（1 ～ 2 月実施）

さらに、2020年度の学生の内々定状況について、東郷さんは以下のようにまとめてくれました。

・学生の内々定率の推移は例年に比べて1、2カ月遅れている
・インターンシップの参加者ほど、早期段階で内々定を獲得する
・企業インターンシップの実施率と学生の参加率はともに増加している
・インターンシップの参加をきっかけに企業理解を深め、採用選考に進むことが一般化している

つまり全体的に見て、学生にとってのインターン経験が就活の重要な鍵になっていると言えそうです。

「まさにその通りです。志望企業の優先順位づけに際しても、学生たちの中で最も多いのが『自己分析を進めた結果』ですが、2位には『インターンシップに参加して』をあげています。その理由は『業務内容や社内の雰囲気がわかった』『人事担当者や社員の印象がよかった』があがります。

また就活中に第一志望が変わったきっかけとしても、インターンシップの存在が上位にあがっており、学生にとってはインターンシップ参加が仕事や企業とのフィット感を確認する場になっていることがわかります」（東郷さん）。

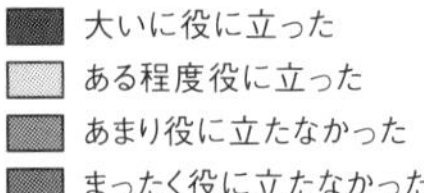

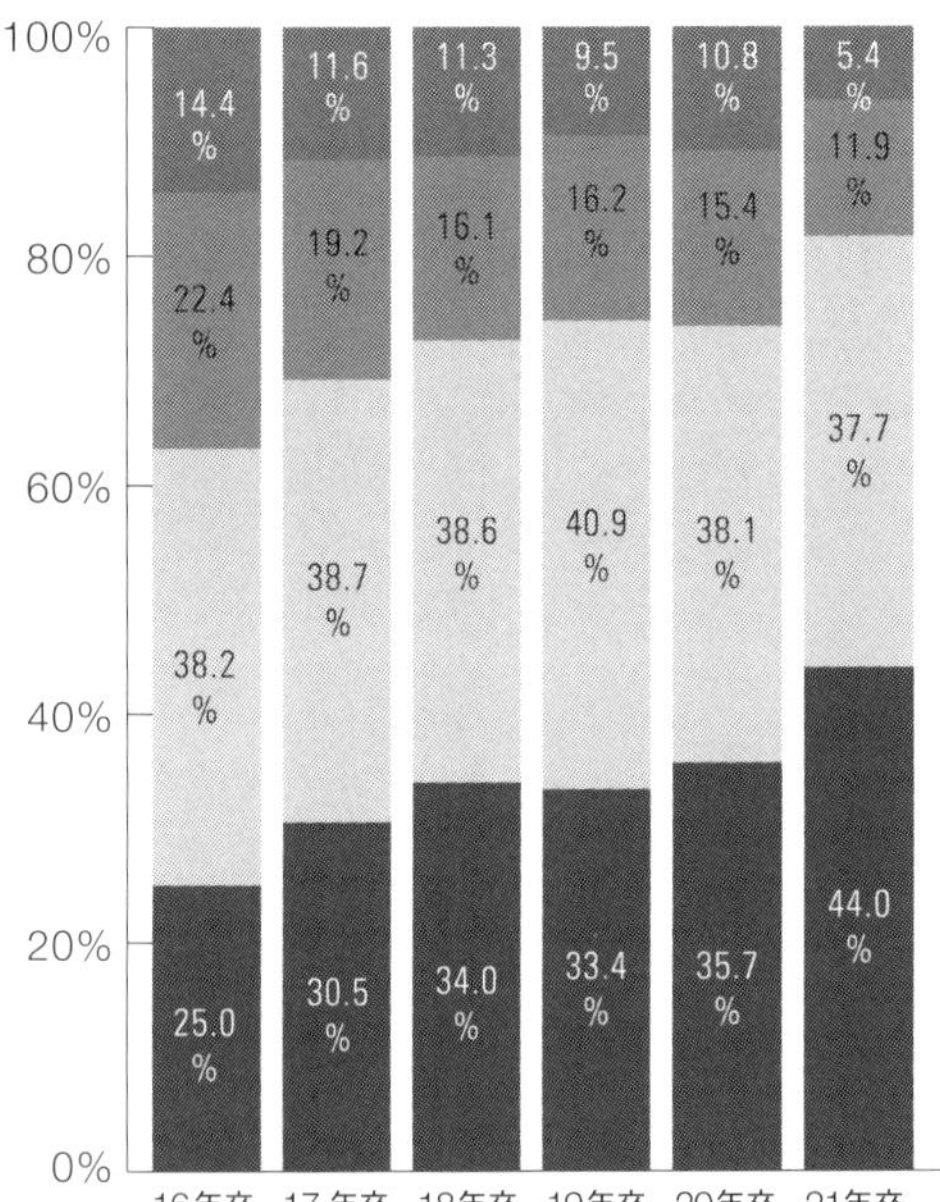

「インターンシップは内々定獲得に役立ったか」
出所：マイナビ 2021 年卒内定者意識調査（6 月～ 7 月実施）

3 コロナ時代のESのあり方の変化

そうした状況の中で、本書のテーマであるESはどんなふうに存在感を変えてきているでしょうか？

梅崎先生はこう語ります。

「3年時の夏に行われるインターンが就活の必須要素になったことを考えると、そのESの準備を始めるのは3年の前半からということになります。つまり実質的に就活は前倒しになっている。前の項で語られたように、人気企業であれば本番のES選抜よりもインターンのほうが狭き門かもしれません。

インターンでは、筆記試験などが行われることが少ないので、その選抜はES一発で決まってしまうこともありますが、採用には面接もあります。そう考えると学生にとっては、本当の文章力の養成は大学1、2年生からスタートせざるを得ず、結果的に大学時代4年間を通しての学びの必須事項と言ってもいいのかもしれません」。

それを受けて栗田さんはこう指摘します。

「もう一つ言えるのは、インターンが長期間行われた場合、学生に毎日レポートを課したりすることがあります。現場の受け入れ社員は学生に対して、普段使用しているビジネスレベルの文章力を求めてしまいがちです。そこで拙い子どものような文章を書いたりしているとむしろ逆効果。インターンでの印象が悪くて採用されないなんていうこともありえる。つまりインターンに行く以上、学生はある程度の文章力も要求されると思っていいのではないでしょうか」。

就職活動で行った行動量の比較

※ 19 年卒の 3 月〜 6 月の累計値を 100%として 20 年卒、21 年卒の比率を算出

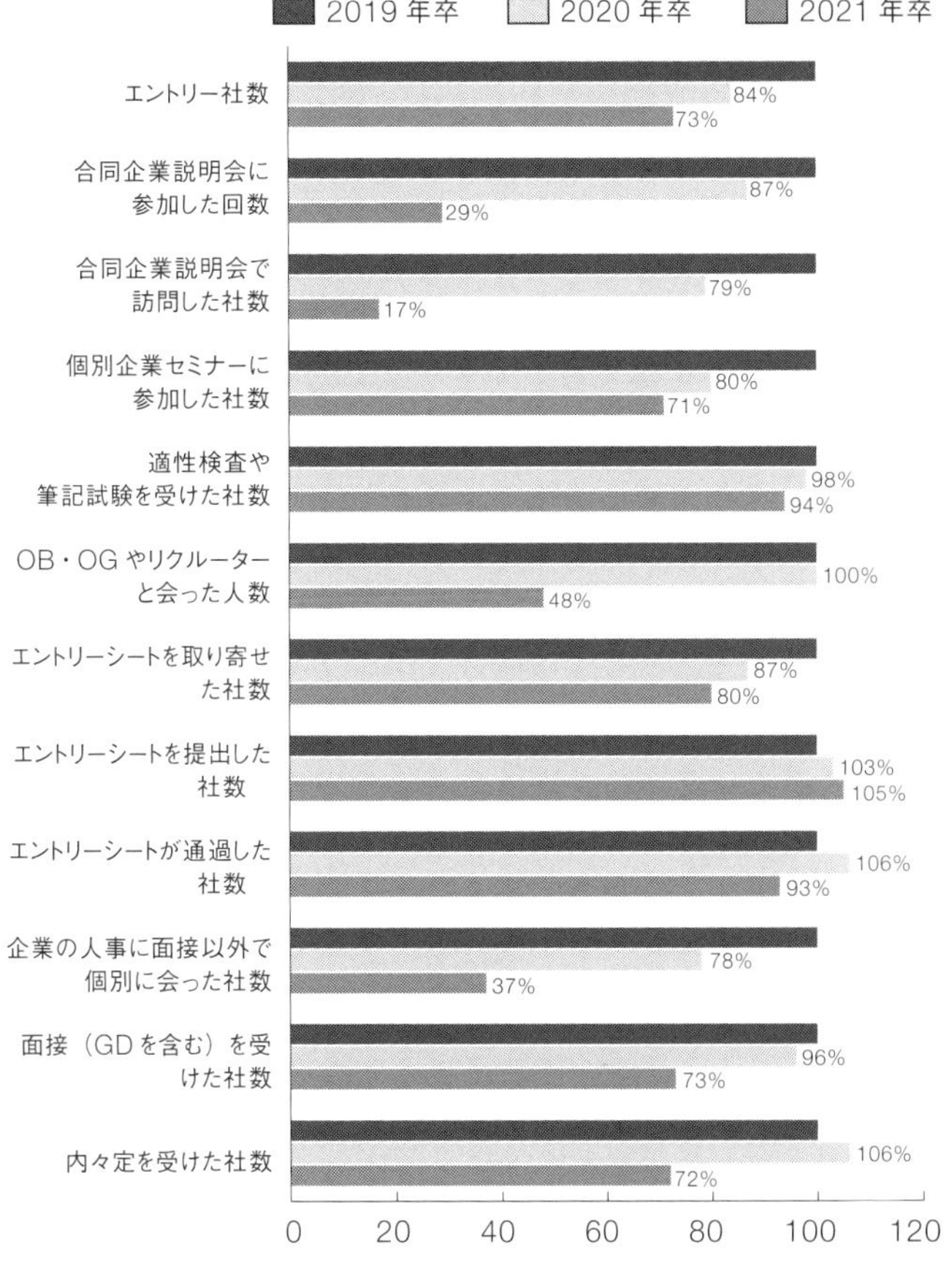

「19 年卒の行動量（累計）を基準とした経年比較」出所：マイナビ 2021 年卒マイナビ学生就職モニター調査（2019 年卒分より　毎年 3 月〜 6 月実施）

「19年度卒業の学生たちの就活の行動量を100として20年度21年度を比較すると、合同企業説明会をはじめとして軒並み行動量が減少している中で、唯一増加したのはESを提出した社数です。コロナの影響で活動自粛になり、外出は制限されましたが、その分、企業研究などを行いエントリーシートに時間を費やせたためと思われます」（東郷さん）。

データからもわかる通り、採用活動においてもリモート活動が中心になったことはESの比重を高めました。広い意味で学生や企業の採用担当者の意識の変化や、行動の変化にもつながっています。

そのことは、次の項目でも明らかです。

4 コロナによるリモート採用の影響と学生の就職意識の変化

「コロナの影響で企業説明会や面接がリモートになったことで、企業にとっては学生に対面できないというだけでなく、これまでの常識が大きく変わりました。その一つが、ESの存在感が増したことだと思います。

つまりこれまでは、対面の面接で学生の人となりが把握できたわけですが、リモートだとそうそう簡単には人間性は理解できません。これまでは『学生が部屋に入ってきただけでその人間性が見える』なんて豪語していたベテラン人事部員ほど、リモートにはただじたじとなっていると聞きます。

その時頼りになるのはやはり文章（ES）ではないでしょうか。一方学生にしてみても、自分を理解してもらうためには、人間性や考え方が表現されたESを書く必要がある。企業と学生双方から、ESの存在感が増したと言えると思います」（東郷さん）。

企業と学生の意識の変化はそれだけではありません。

実はリモートワークは「働き方改革」もあってコロナ以前から模索されていました。ところがその段階では「やはりリモートワークなんて難しい」と思われていたのです。しかしコロナで活動自粛になり、リモートでしか働けないということになると、「やってみれば意外にできる」「通勤がないからこの方が楽」「社内の無駄な付き合いが減って楽」といった声が聞こえて来るようになりました。

これまでは、都心では満員電車での通勤にしても、仕方ないと思ってあきらめていたものが、乗らなくても済むということがわかると、「満員電車での通勤」という常識が一転したのです。

つまりこれまでの「できるわけない」という常識は非常識であり、「やればできる」という認識が広まった。これはさまざまな面での学生の意識をも大きく変えました。

「学生にとっても、希望する会社がコロナ対策をどんなふうにとっているかに興味が集中したようです。逆に言えば、社員をしっかりとコロナから守るという姿勢を持つ会社に人気が集まりました。

また興味深いのは、仮にリモートワークが推進され、働く場所が選べるならどこで働きたいか？　という質問に対して約半数の学生が『地方』と答えていることです。これまでなら絶対に『東京』がトップでしたが、価値観が逆転している。これが今後も続くようなら、コロナは就活や採用活動の転換点になると思います」（東郷さん）。

先輩と比較して自分たちの就職活動は（3月時点）

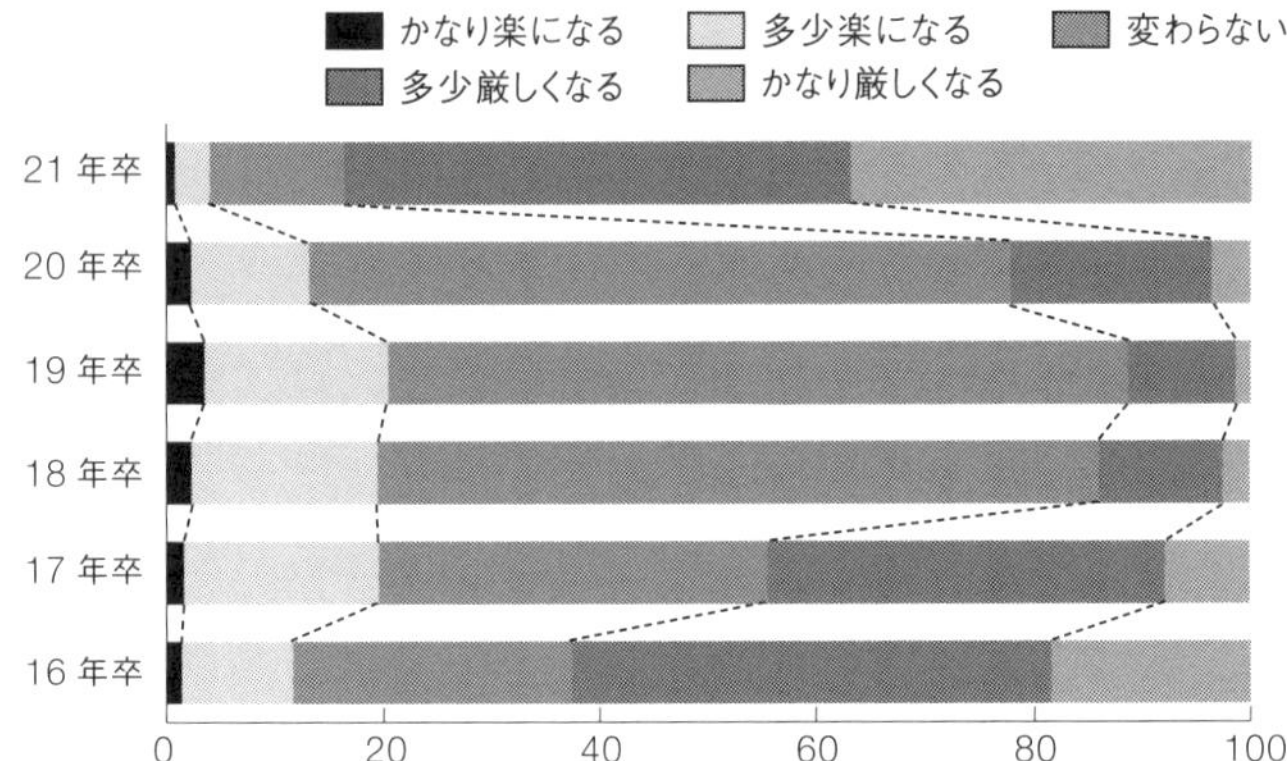

「先輩と比較して自分たちの就職活動は（3月時点）」
出所：2021年卒学生就職モニター調査(3月実施)

企業を選ぶときに最も注目するポイント

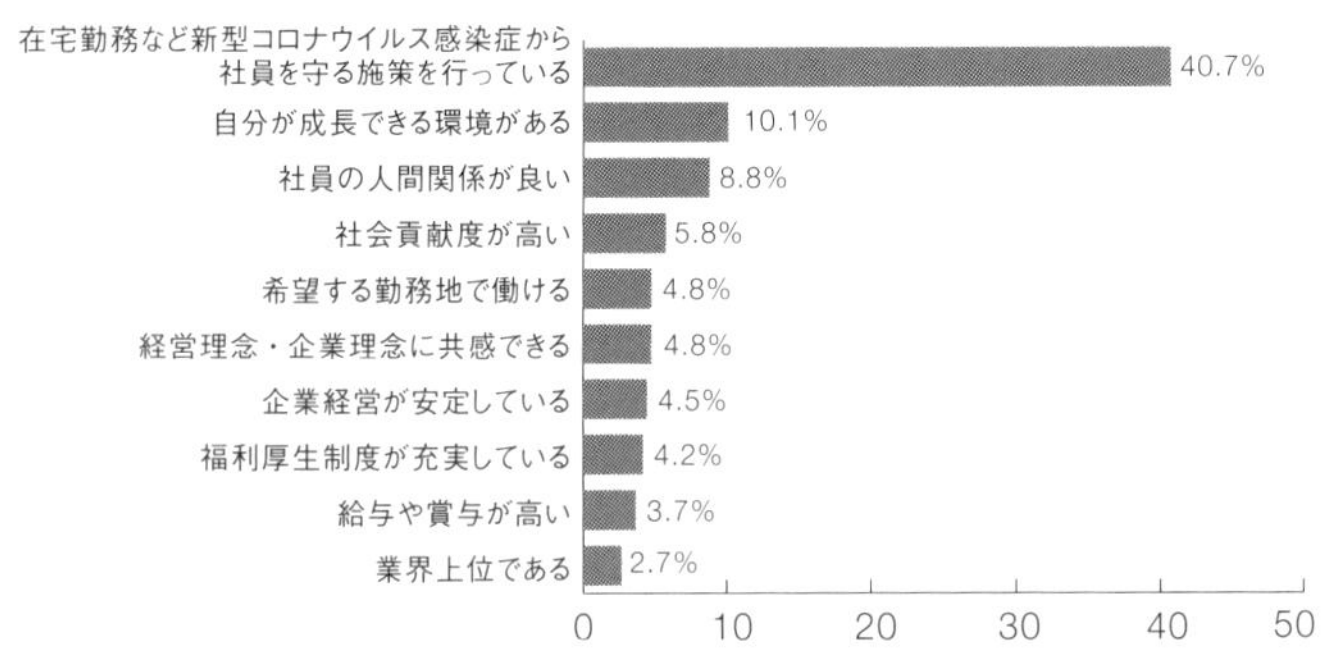

「在宅勤務など新型コロナウイルス感染症から社員を守る施策を行っている」
を入れた場合の、企業を選ぶときに最も注目するポイント（上位10項目）
出所：マイナビ2021年卒学生就職モニター調査(4月実施)

さらに東郷さんはこうも語ります。

「企業が就活中の学生にアピールする内容も、コロナの前後で大きく変わりました。『有給休暇の取得率』や『育児休暇取得後の職場復帰率』などが引き続き上位ですが、コロナ後は『在宅勤務制度』が増えました。ことに上場企業ではこの傾向が顕著です。『今年からアピールし始めたもの』としてトップになりました」。

5

これからは文章力が一生涯必要とされる

　さらにいえば、今回の新型コロナ禍によるリモートワークの浸透は、就職採用活動だけでなくビジネスマン全員の仕事の常識にも大きな転機となりました。

　その点を栗田さんはこう語ります。

「リモートワークで一番影響を受けているのは中間管理職の働き方ではないでしょうか？　つまりこれまでなら、部下に対して『がんばってるか？』とポンと肩を叩けばモチベーションアップできていた。あるいは飲みに連れ出したり食事をしたり、言葉以外のノンバーバルな部分でコミュニケートできていたわけです。

全員が同じ場所で同じ時間に働き始めていたわけですから、そういうコミュニケーションで済んだ。

ところがリモートワークになると、そんなコミュニケーションはできません。部下に出す指示も進むべきビジョンも組織としての使命も全て言葉によるコミュニケーションになる。しかも言葉で部下の心に火をつけないといけない。つまり管理職から経営者といった幹部社員の言語能力が問われてきているのです。

これに悩んでいる管理職は多いと言われています。今後は、ビジネスマンは生涯かけて文章表現力、コミュニケーション力が必要とされる時代になっていくと思います」。

リモートワークでは、ばらばらの場所で働く社員の「気持ちを一つにする」ことがとても必要です。たとえ同じ会社でも、二拠点、三拠点に分かれて働いている場合、組織としての「一体感」がなければ企業の目標達成はおぼつきません。

その時、管理職に必要とされる能力は、言葉によって論理的に仕事を進める能力と、感情面にも訴えて社員の心を燃やす能力。その両方が満たされてこそ初めて、「管理職、経営者」と言えるのです。

この先、そんな時代を生きることを考えれば、学生たちは「就活のためのES対策」ではなく、生涯のビジネス活動を支える文章表現力を鍛えなければならないことは自明だと言えるでしょう。

3年生の夏から始まるインターンに備えるESも大切。

本番の就職戦線を勝ち抜くESももちろん大切。

けれどそれ以上に、社会人になってから、この先のリモートワーク時代の組織をリードするコミュニケーション能力としての文章表現力はもっと大切と言えます。

そういう意味では、これから必要なニューノーマル（新常識）のひとつとして、「生涯を貫く文章力の獲得」があげられるのです。

CHAPTER 2

人事担当者さんの「本音」を教えてください

神山典士

企業の人事担当者は、学生たちが書くES（エントリーシート）のどこをどのような観点で見て、どんな審査をしているのでしょうか？　就活のためにESを書く学生にとって、これは最も大切なポイントです。この章では、人事担当者の本音インタビューをご紹介しましょう。

どの企業の人事担当者も、口をそろえて言うのは、次のような内容です。「ESは教科書的な模範解答を書けばいいわけではありません。誤字、脱字、語尾、敬語等、基本的な表現力や文章力はチェックしますが、書かれた内容については、私の企業では××のことについて重点的にチェックします」。

多くの学生は、サークルや海外留学での「キラキラした成功体験」を書きがちですが、担当者が読みたいポイントはもっと別にあることが多いようです。各企業によって、担当者が見ているポイントは微妙に違うのです。

自分が目指す企業はどこを評価し、どこを見ているのか？

就職活動全体においてＥＳはどう使われているのか？

そこにはどんな傾向があるのか？


就活生にとっては、まさに「そこが知りたいポイント」でしょう。

企業の採用担当者はＥＳの最初の読者であり、採用審査官であり、多くの場合入社後も面倒を見てくれる「兄貴や姉貴（ロールモデル）」でもあります。


まずはその心をわし掴みにするＥＳを書かなければなりません。


そこでこの章では、採用担当者の本音を質疑応答形式でまとめてみました。

各社の人事担当者が語る本音には、日頃の就活では浮かび上がってこない採用担当者の「思考や意志」、あるいは「苦労や苦心」も感じられるはずです。

1

就活でESはどのように使われているか？

人事担当者はESをどのように評価していますか？

「ここ数年の就活生が提出してくるESを見ていると、質的には上がっていると思います」というのは、「人事のプロフェッショナル」を標榜し、総合人材サービス企業、モザイクワークの高橋実さんです。こう続けます。

「ESの質が上がっているのは、就活生の周囲にESの書き方を教えてくれる人、たとえばゼミの担当教授だったり、大学のキャリアセンターのスタッフだったりが大勢いるからです。あるいはWeb上にも回答例が出ていますすし、書き方の参考書も山のようにあります。ですから模範解答的なESを書く就活生は、ものすごく多いんです」。

高橋さんは現在、5社の人事部長や人事アドバイザリーを兼任する、この業界の強者です。都内だけではなく、週に一回は地方を日帰りで往復し、各社の人事戦略に当たっています。

その人事のプロが、ESのレベルは上がっていると言います。けれどその本音は、必ずしも肯定的な評価ではないようです。こう続けます。

「でもその分、毎年ESを見るのがしんどくなっているのも本音です。なぜならその多くが書き方のノウハウを教わった文章なので個性的ではなく、志望企業ウケがいいように書かれた文章になっているからです。全然学生個々の顔が見えてこないのです。

最近の学生は、私が学生だったころに比べたら、勉強量は確実に増えていますし、授業にも出席していると思います。大学もそれだけ厳しくなっていません。それなのにその成果を就活に生かしきれていません。社会人になって活躍することよりも、就活がゴールになってしまっている感じさえあります。

ESはその企業に入るための入学願書みたいな扱いになってしまい、いいことを書けばよく見られると思っているのでしょう。

ですから私は、採用においてESはそんなに重視していません。むしろその後の面接の素材として見ています。同じように、ESが採用の合否に直結する企業は少なくなっているのではないでしょうか」。

ESのレベルが上がっているのは、指導者の「手取り足取りの」指導や、ガイドブックの「コピペ」に近いから。採用担当者が読みたいESはそんなものではなく、むしろ最近のESはそこから離れてしまっている、という厳しい指摘です。

同様の意見は、大手食品商社の人事部の人材開発担当、Mさんも語っています。

「ESに書かれたものは、就活生が書いたことは事実でも、大学のキャリアセンターのカウンセラーやゼミの先生が見て手を入れているという前提で見ています。ですから基本的には就活生の実力（文章力）以上のものが書かれている可能性がある、と見ています。

多くの学生が同じようなことを書いていることも多いですし、Webでの書き方の見本や先生方の指導もあるわけですから、その完成形が提出されるのがESだという見方です」。

つまり就活生は文章に厚塗りの化粧をしているのですから、企業に提出されるESは模範的な作品になっていて当たり前。企業が求めるような書き方になっているというのです。あまりに「企業が求めるような文章」を出されると逆に評価できない。それが採用戦線の難しさです。

このお二人は、「ＥＳは均質化している。だからＥＳでは落とさない」と語っています。しかしだからと言って、ＥＳに手を抜いていいということではありません。逆に言えばそのレベルに至らないＥＳが出てきたら、それは問題外として次の面接には進めないということでもあります。

企業に提出するＥＳは、基本的な表現力はあって当たり前。巷に氾濫するガイドブックやキャリアセンターの指導はクリアして当たり前。そのうえで、ＥＳ段階で採用担当者の好印象を引き出したいのであれば、ガイドブックなどに掲載されている事例をコピペするのではなく、もっと「自分自身の内面を表したＥＳ」を書くことが必要だということです。

このようにＥＳ段階で、採用担当者の評価を得られれば、次の面接に進む際のアドバンテージを得られるわけです。ではそのためにはどんな要素が必要なのか、さらに担当者の本音を聞いてみましょう。

文章力や表現力を見るのはESだけですか？

食品商社のMさんは、こんなことをそっと教えてくれました。

「就活生の本当の文章力やコミュニケーション能力を見るためには、私たちはESだけを意識しているわけではありません。面接に来たときの控室での会話や、そこに至るまでのメールの文章力、表現力などもチェックします。何気ない会話の中で出てきた『海外に興味がある』とか『将来は故郷に帰りたい』といったような発言にもアンテナをはっている企業もあるかもしれません」。

つまりESだけでは就活生の真の実力がわからないので、担当者は企業セミナーや説明会など、あらゆる機会で学生を観察し、文章力やコミュニケーション能力を試しているのです。

就活生はそのことを覚悟して、希望企業と相対しているときは、終始観察されているものとして注意していないといけません。

ESを厳しく見る企業はどこを見ていますか？

一方で、ESに明確な基準を持って評価する企業もあります。
電気設備、自動車部品、情報機器等の企画製造販売を行う老舗電気メーカーの人事部採用担当のNさんはこう語ります。

「ESではまず文章力を見ます。語尾がぶれていたり、敬語の使い方が間違っていたりしたら、弊社の場合はその段階でNGです。就職活動は就活生にとっていわば『自分の顔』を表現することですし、営業活動に例えてみたらファーストステップなのですから、就活生側もそれなりに事前に準備をしておくことが大切だと考えています。

特にESは、前もって課題が出されていて、書く時間もあり対策もたてられるわけですから、それなりの準備がなされた文章でなければおかしいですよね」。

なるほどさすがに老舗企業です。就活の第一段階にあたるＥＳにも厳しい基準があります。

もう一社、アパレルメーカーＬ社のＩさんは、むしろＥＳを採用の合否に積極的に活用していると語ります。

「以前から弊社は、採用面接に進む前の足切りとしてＥＳを使っていました。最近は売り手市場になり、そんなこともできませんが、基本的なビジネス文章が書けるかどうかは、採用の大きな基準の一つです。

本来ＥＳは手書きの文章で読みたいと思っています。手書きの文字には書いた人の人間性が出ますし、興味の方向性も感じられるからです。現在はほとんどの就活生がＰＣで書いてきますが、それでも3つほどのテーマについて4、5行の文章を書いてもらうだけでも大きな差が出ます。

人を引きつける素敵な文章を書ける子は短文でも書けますし、逆に短い文章でも全く読める文章になっていない子もいます。

基本的に応募してくれた学生には『全員面接をさせていただきます』と言ってはいますが、文字を見るだけで『この子はうちのタイプではないな』とわかってしまうケースもあります。そうなると、面接にも力は入りません。文章が長くてだらだらと『、』（読点）で繋がっていくような子を面接してみると、話してみても同じような印象で、何を言いたいのかがわかりません。コミュニケーションの取り方は、書き言葉も話し言葉も変わらないなと感じています」。

新型コロナウイルスの世界的な感染の影響で混乱が続く間は、一時的に採用を控える企業も多く、ある意味で「買い手市場」になるとも言えます。

とはいえ1章でマイナビ担当者が語るように、人口動態を見れば基本的に少子化が進んでいる以上、経済活動が元に戻れば「売り手市場」に戻ることは間違いありません。

かつて「買い手市場」の時にあったように、「ESを足切りに使う」ということは今はありえませんが、各企業の採用担当者はESを使って「基本的な文章力」「論理的思考力」「表現力」をしっかりと見ているのは事実です。

ESの出来は、その後に続く「面接」に大きく影響しますから、やはり準備をしっかりして、文章表現の基礎を踏まえて「自分自身を表現する」文章を書かないといけないのです。

2 企業が求める学生像を見極めて文章を書く

企業が求めている学生像とは、どんなものですか？

もちろん採用試験の合否はＥＳだけで決まるわけではありませんが、企業の求める像をしっかりと見極めた上で文章を書くのは大切なことです。

人事のプロ、モザイクワークの高橋さんはこう語ります。

「就職採用試験が高校や大学の入試と違う点は、いわゆる優秀な学生が必ずしも採用されるわけではないという点です。

たとえばＥＳでいくらいい文章を書いて卒業成績がいくらよくても、その学生が必ず採用されるわけではありません。学生の側と企業の側では『優秀』の定義が違うのです。

なぜなら企業が第一に見ているのは、『自社とのマッチング』だからです。同業種の大手企業同士を比べても、たとえば三井物産と三菱商事では社風が違います。電通と博報堂でも企業の成り立ちが違います。

新事業に挑戦するベンチャー気質のチャレンジングな企業であれば、挑戦心の旺盛な学生を採用したがり、安定志向の学生は取りたがりません。もちろん、その逆もありえます。

ですから学生は、希望する企業の『文化』というものをよく調べないといけないですし、仮に採用試験に落ちたからといって、自分の学力や人間性に問題があるのかもしれないと、落ち込む必要もありません」。

企業と就活生のマッチングについては、たとえば建設業U社の人事担当のKさんはこう語ります。

「弊社は基本的にもの造りの企業ですから、やはりもの造りに喜びを感じられる人を採用したいと思っています。チームでやっていく仕事ですので、誰とでも協働できる人がほしいですね。学生時代から、チームで達成感のある体験をした人、チームを統率できるリーダー的な人も求めている人材です」。

さらに伺うと、Tさんが具体的な採用方針についても話をしてくれました。

「建設業界は、これからは『変化の時代』です。2020年以降、産業界には大きな変革の波があり、建設業も大きな分岐点に直面すると予想しています。

弊社は『浮体式洋上発電事業』という、洋上に浮きのように浮かせた風車を環境省とタイアップして開発をし、商業運転を成功させています。これからは、これを新事業として展開し、建設するだけでなく運用も行っていく予定です。ほかにも農業法人をつくりイチゴを育てる取り組みもしています。そういう異業種の仕事を手がけていくので、建設分野に限らず、こういった分野にも興味のある人材も採用したいと思っています」。

このように企業が新分野にチャレンジする場合、その分野に特化した学生を採用するのは当たり前のことです。就活生もこのような企業の情報をいち早くキャッチアップして、それに対応することも合格のポイントです。

これは高橋さんが先に語った「文化のマッチング」とは別の、「仕事と学びのマッチング」と言えるでしょう。

企業文化とは、そんなに大切なものですか？

企業で働くときの「企業文化」の大切さを、高橋さんはこう語ります。

「ある企業に人事部長として入る時は、その企業の『文化』を知ることから始めます。なぜなら、これを見誤ると、人事部長としての経営判断や、部下への指示を誤るからです」。

そのために高橋さんは、まず経営者と社員にインタビューを行うそうです。

「経営者には、①今の会社のいいところ、②社員の嫌なところ、③将来どんな会社にしたいか、この3点は必ずインタビューします。

通常経営者はええかっこしいの方が多いので、耳触りのいいことばかりを語って本音が出てこないことが多いのです。でも、『社員のどんなところが嫌ですか?』と聞くと、『早起きできない社員は駄目』とか、『タバコを吸う社員は嫌い』といった本音が出てきます」。

そういうところから会社の「文化」が見えてくるのだそうです。

「また大きな会社の場合は、社員へのインタビューから始めます。最低でも10人に、『自社のいいところ』や『自社の課題』を聞くようにしています。

そうすることで社員の考え方の傾向がわかり、その会社のレベルや文化が見えてきます。そしてその文化に合わない学生は採用から外すことで、お互いのミスマッチも防げるのです」。

就活生の場合は、希望する会社の経営者や社員にインタビューするわけにはいきませんから、しっかりと会社案内を読み、OBOG訪問をして社風を聞き出し、その会社が生み出した商品やサービスを自分の「五感で調べる」ことが大切です。

五感で調べるとは、たとえばサービス業ならば、実際に店にいってサービスを受けてみたり、店員さんと話してみたりするとよいでしょう。

メーカーであるならば、その商品を売っている店舗に出かけて、お客様の様子を調べてみたり、買える商品ならば買って使ってみるというのもありです。教育産業ならば、そのプログラムを受けてみるというのもいいでしょう。とにかく会社案内やサイトに載っている情報を鵜呑みにせずに、自分の「触覚、聴覚、嗅覚、味覚、さらに直感」によってその企業と商品サービスを味わってみるのです。

そんなふうに「自分の身体を使ったリサーチ」を繰り返すと、その企業の

「文化」が見えてきます。

もちろん社史や社歴を調べることも大切です。企業にも「DNA」があり、戦前からつづく長寿企業と最近生まれたベンチャー企業では、そもそもの成り立ちが違います。元々が国営企業だった会社と、創業者が汗水垂らして築いてきた企業とでは、身体の芯になる部分が違って当然です。

その文化・遺伝子を調べ、その企業を好きになったり評価をしたりすることから、企業と「マッチングする」感覚をつかんでください。

そうすればESを書くときも、企業に「忖度する」のではなく、本当にその企業や商品、サービスを「評価する」文章が生まれてくるはずです。

3

キャリアセンターを有効活用しよう

大学のキャリアセンターは、どう使えばいいですか？

各大学に設けられたキャリアセンターは、就活生にとっては最大の味方です。困ったときの神頼みならぬ、キャリアセンターやカウンセラー頼みの学生も多いと思います。

とはいえ、キャリアセンターの使い方にも「光と影」があるようです。

毎日新聞の記事（2020年2月25日）によりますと、都内の大学生60人にアンケートをしたところ、就職が決まるまでの間でキャリアセンターを使った人は全体の約2割で、「個別面談」をうけて進路相談に乗ってもらったり、「ESの添削指導をしてもらった」というのが大半の学生の使い方でした。

母体となっているアンケートの人数が少ないので、実態と多少のズレがあるかもしれませんが、思ったより使っていないという印象を持ちました。しかし、やはり自分が書いたESに対して、不安を抱えている学生が多いこともわかりました。

アンケート結果には、「キャリアセンターで、客観的な目線で就職についてのアドバイスをもらい、ESのブラッシュアップを重ねられた」（千葉大女子）、「相談することで気持ちが楽になった」（龍谷大　女子）といったプラスの感想が書かれているのも頷けます。

キャリアセンター利用者の大半は、このような使い方をして、有効なアドバイスを得られたことでしょう。

ただし企業の採用担当者の視点から見ると、キャリアセンターの果たしている役割には微妙な影もあるということも知っておいてください。

担当者からは、「キャリアセンターのカウンセラーの人たちの感覚と、企業の感覚は微妙にずれていると思います」といった声も聞こえてきます。

これは多くの採用担当者が語っていることです。

たとえば、「ESに書くことがない」という学生に対して、キャリアセンターでは往々にしてこんな指導がなされます。

「学生時代にESに書くような体験をしていないのなら、今からでも遅くないから海外旅行に行って、何かESに書けるような冒険をしてきなさい！」。

こんなアドバイスは新型コロナウイルスの感染拡大でできなくなってしまったわけですが、去年までキャリアセンターの人は年に何人も、こういうアドバイスをしてきたはずです。

多くの学生たちは「書くことがない」「何を書いていいかわからない」と、カウンセラーに書くことの初歩から全て丸投げで相談に行きます。カウンセラーの人も仕方なく、こういう「体験型」のアドバイスをしてしまうのです。

ところがここにすでに企業の感覚とのズレがあると、前出の高橋さんはいいます。

「私たちから見ると、大学のキャリアセンターは学生たちに『教えすぎ』だと感じています。学生に教えすぎると、教わることが当たり前になる学生が育ってしまいます。本来は、考えることができる学生を育てることが重要なのです。

たとえば『海外に行って○○を体験してきました』とESに書く学生がいても、企業側としては、『そこで何を感じて帰国後にどんなアクションを起こしたの?』と聞くだけです。学生が思っているほど『海外体験』だけに評価が与えられることはありません。むしろそこで得た体験を次に国内でどう繋げたかがポイントです。

確かに、『書くことがありません』と言う学生が多いのは事実ですが、それは自分と向かい合っていないからです。まず自分と向かい合って、自分を認めてあげることです。

企業が読みたいのは、むしろ失敗や挫折した経験で、そこからどう立ち直っていったか、どう乗り越えたかが見たいのです。そういう意味では、単なる『海外旅行』の体験よりも、『両親を大切にしています、尊敬しています。その理由は〜』とか、『古いスニーカーを大切にしています、その理由は〜』というように、自分自身を語るESのほうがずっと心に残ります」。

また、前出の老舗電気メーカーのNさんも、次のように話します。

「各大学ともにキャリアセンターが充実してきて、指導も徹底しているからこそ、学生もESも均質化していると思います。『英語ができます』『海外に留学していました』という体験談を書く学生も少なくありません。

しかし、恵まれた環境で珍しい体験をしても、それだけでは力になったとは言えません。ビジネスは思い通りにいかないことや、結果が出ないことの連続です。ですから『失敗したときにどうしたのか？』『挫折をどう乗り越えたのか？』が聞きたいのです。

奇抜な経験よりも、平凡でもいいので、失敗や挫折からのリカバリー経験を知りたい。弊社としては、そこをESのポイントとしています」。

もちろん各大学のキャリアセンターで行っているのは、ESや面接の指導だけではありません。さまざまな角度から就活を支援するために、「気になる業界で働くOGと会わせてもらえるメンター制度」（昭和女子大）や、「就活を終えた4年生が個別に相談に乗ってくれる」（早稲田大）といった企画も行っています。

カウンセラーだけでなく、就活を体験したすぐ上の先輩に会える企画もキャリアセンターならではの取り組みです。そういう機会をみすみす逃す手はありません。

これから就活に入るという学生には、ぜひ早い段階でキャリアセンターを訪ねてどんなアドバイスがもらえるのか？　どんな指導プログラムがあるのか？　を確認してほしいと思います。

4

ESの内容は、どれくらい面接にも影響するの？

ESではどんな課題が出されて、次の面接にはどれくらいの割合で進めますか？

各企業とも、ESで課すテーマには例年知恵を絞っています。何年も続けて同じテーマを出す企業もあれば、毎年新しいテーマに変えるところもあります。

たとえば前述のU社の場合は、毎年同じ「例年型」だとKさんは言います。「毎年書いてもらうテーマは変えていません。例年、課題は5つ出していましたが、そんなに読みきれないということで2020年度採用からは一つ減らしました。

今年は『志望動機』『会社で何をしたいのか』『なぜその学部を選んだのか』『自分の強みをどう生かすか』です。文字数はそれぞれ300文字から400文字で書いてもらいます。

これだけの課題を書くのは学生にはハードルが高いと思いますが、ある程度書いてもらわないと学生の資質がわかりませんので、しっかりと書いてもらっています」。


U社の場合、例年800～1000枚のESが集まるといいます。理系の学生の場合は各大学別にリクルーターがいるので、まずは彼らが目を通します。文系の場合は3人の採用担当者が全てのESを読み込みます。

採点は「○、△、×」方式で、○が二つ得られると次の面接に進むことができるそうです。理系の場合はリクルーターが採用不採用を判断します。

「○△△評価と○△×評価のESの場合は、残る一つがなぜ△なのか×なのかを話し合い、面接に通すかどうか決めます。

採点のポイントは、『社会で通じる文章になっているか?』です。

たとえば語尾も『ですます』(丁寧型)と『〜だ』(言い切り型)が混在しているような作品は駄目です。

志望動機では、他社のCMコピー、たとえば『地図に残る仕事がしたい』というようなことを書いてくるケースもありますが、もちろんNGです。弊社でしか通用しない志望動機が書かれているほうが高評価です」と、Kさんは語ります。

全体の印象として志望動機の熱量が低いと、評価も低くなるそうです。


U社では、ES審査では最低限だけを落とし、ほとんどは面接まではあげるといいます。ただし光るESを書いた就活生は、優先的に面接担当者にデータをあげて、早めの選考に回すそうです。つまりこの段階で優先順位があがるのですから、印象に残るESは、採用に有利に働くということです。

一方で食品商社のMさんも語っていましたが、どんなに熱い言葉で語っても「我が社でなくてもいいいんじゃないの？」と思われる志望動機だと、評価は低くなってしまいます。

たとえば女子学生の中には、「出産後も働き続けている女子社員の割合が高いから」と書くケースが多いそうですが、「それは我が社の仕事が好きなのか？　他社でも働ければいいのか？」と首をかしげてしまうのだとか。仕事の環境を語るよりも、仕事の内容を熱く語ってほしいというのが担当者の本音です。

老舗電気メーカーのNさんは、ESで加点されるポイントについて、次のように話してくれました。

「海外留学や大学のサークルやクラブでのキラキラした活躍はESの加点ポイントにはなりますが、弊社の場合それだけを見ているのではありません。

失敗をどう乗り越えたか？　窮地に陥ったときに具体的にどういう事実に基づいてどう考え、どう行動を起こしたのか？　そのプロセスを文章に書いた方が、評価点は高くなります」。

この会社では、例年課題に出されるのは一つのテーマにつき400文字で、3テーマです。「あなたの自慢できる能力は」、「これまでに周囲と協力して成し遂げた大きなことは」、「大学時代に経験した最も大きな経験や失敗、トラブルは。そこから何を学んだか」。

「毎年、基本的なコンセプトは変わりません。非常にベタなテーマですが、だからこそきちんと自分と向かい合って書いてほしいと思っています」というNさんに、「志望動機や、愛社精神は聞かないのですか？」と尋ねると、「聞きません」と、予想以上にあっさりとした返答でした。

「弊社が好きですか？　というテーマを出すと、弊社を第一志望にしていなくても熱く読める文章を書いてくる学生が多いので、意味がないのです。弊社が出すテーマは、奇抜なものではなく、どこの会社でも出せる課題なので、誰でも普通に書けるはずです。でもそれだけに、『自分の言葉で書いてくる』ことが評価のポイントになります。ESでは、学生の自分の言葉がほしいのです」。

もちろんESの段階で、印象的な作品を書いた学生のほうが採用の優先順位は高くなります。

Nさんの会社では、ESは5000枚前後の応募があり、その中からい学生を選ぶというよりも、駄目な学生をふるい落とすそうです。5〜6割が合格になり、4割以上がこの段階で不合格となります。

「採用担当としては、キラキラしたESよりも地味だけれど芯がある学生を次の段階に回したいと思っています」と、Nさんは言います。

あとでも語りますが、そこにはNさんの個人的な文章に対する思いが籠もっているようです。

ESと次の段階の「面接」はどう繋がっていますか？

ESの段階でふるいにかけられた学生は、「面接」に進みます。ここは企業によって3回のところもあれば、最終の役員面接まで入れると4回のところもあります。

一様に言えるのは、「ESの内容を材料にして深掘りしていく」ということ。つまりESに書かれた内容は、実は「面接用の材料」という面が強いのです。

前出のNさんは、その点をこう語ります。

「ESは試験で落とす材料ではなく、応募学生の『顔』だと思っています。次の面接で、その顔の裏側の人間性や能力を深掘りしながら見ていきます。面接は5回行いますが、そこでESの内容を根掘り葉掘り聞き出します。

ですから、ＥＳでいい内容のことが書かれていても、それが自分の文章でなかったり（つまり誰かに代筆させていたり）すると、すぐにバレます。面接で細かく質問をすると答えられなくなるという学生は少なくありません。もちろんそういう学生さんにはお引き取り願うことになります」。

一方で、面接ではＥＳに書かれていなかったことを集中的に聞くという担当者もいます。食品商社のＭさんはそのタイプです。この基準は、Ｍさんの会社に対する距離感、働き方のポリシーからきているもののようです。

「提出されるＥＳは、大学のキャリアセンターの先生の手が入っていることが見え見えなものも多いので、書かれた内容についてはそれ以上聞かないこともあります。

それよりも、『書こうと思ってやめた話は何？』とか、『このエピソードで書かれていないことはないの？』というふうに、ＥＳに書かれていないことの方に興味があります。そういうことを聞いていくと、思わぬ本音がぽろりと出たりするのです」。

面接の段階になると、学生も「ESの課題がこうだから、この部分を聞かれるに違いない」とヤマをはって準備していたりします。あるいは「こう書けば面接官はここを質問してくるに違いない」と予測して、答えを準備していたりもします。すると、その裏をかかれて「書かれていないこと」を聞かれたりすると、うろたえて「素」が出てしまいます。それこそが担当者の「狙い」なのです。Mさんはこう語ります。

「予想外の質問をされたときは、かっこいい答えを言うよりも、落ち着いてしっかり対応することが大切です。

たとえば考えたこともないような質問を受けた時には、『そのことには、今、気づきました』と明快に言える学生の方が好印象です。あ、気づける人なんだ。素直な人なんだなと理解できます。いつでも柔軟に『対応できる人』というのは高評価に繋がります」。

この食品商社のもう一つの特徴は、女子学生の応募が多いことだそうです。それは「弊社のホームページには『出産育児休暇からの復職の割合が100％』と書かれている」のも理由だとMさんは話しますが、そのため、面接の学生からの質問では多くの女子学生が「100％の復職は本当ですか？」と聞いてくるのだそうです。

この点がMさんにはひっかかるのだとか。

「食品関係の志望者には女性が多いこともあり、働く女性の『結婚、出産、復帰』への注目度が高いのはわかるのですが、あまりにそこばかり質問されると、『条件さえよければ、当社でなくてもいいのかな？』と思ってしまいます」。

Mさんによれば、条件に注目して応募してくる人は、その条件が当初のイメージと違うと早期離脱（退職）してしまうことも多いのだそうです。

つまり面接では、その学生が「条件志向であるかないか」も見られています。ESから面接への流れの中で、学生たちはある意味で、このように丸裸にされていることを知っておくことが重要です。

CHAPTER 3

そこが知りたい、就活とインターンの現実

神山典士

就職活動において、近年ますます「3年時夏のインターン」の重要性が高まっています。

インターンとは、企業が現場に学生を招き入れ（あるいは学生が企業の現場に入り込み）、働きながら（多くの場合は本格的な仕事は任せられないので、やはりお客さん扱いだとは言いますが）お互いのマッチングを試みるシステム。近年多くの企業でこのシステムが採用され、就職採用活動の「必須アイテム」になっています。

採用担当者にとっても、このインターンは学生を選抜する最高のチャンスです。企業としてはインターン生をどのタイミングでどのくらいの期間受け入れて何をさせるか？　それが採用活動の最重要なポイントとなります。

またインターン以外にも、就職活動を続ける学生にとって就活期間のそこここに「そこが知りたい！」というポイントがあるはずです。

2章に引き続き、ここでも各企業の採用担当者の話を聞きながら、「インターン」、「コロナ禍での就職活動（採用活動）の変化」、「学閥の存在」、「そもそも就活って何？」といった、就活生の「そこが知りたい」ポイントを解きあかしていきましょう。

1

インターンにはどう臨めばいいのか

インターンはいつから始まりますか？

「最近の就活戦線は、インターンシップの重要性が増したことで、実質的に長期化してきたと言っていいと思います」。

法政大学キャリアデザイン学部の梅崎先生はそう語ります。

3年生の夏のインターンは、企業によっては1週間から2週間続くところもあります。それだけでなく、そもそも人気企業はインターンの希望倍率が高くて、この段階でインターンをするためのＥＳを書かせて選抜するケースも少なくありません。

つまり正式な就職戦線が始まる前の段階で、しっかりとした文章力をつけていないとインターンにも採用されずに、ひいては正式採用も遠のきます。そういう状況のために、梅崎先生は「就職戦線が長期化している」と語っているのです。つまり後ろに延びているのではなく、エントランスが早まっているというわけです。その実態をこう語ります。

「例えば大手人気企業では、インターンの段階で数倍の倍率があります。それをくぐり抜けてインターンを受けるためには、やはりいいESを書かないといけません。

そのための文章力アップの準備に1年間かかるとするなら、2年生の夏ごろから文章力強化という就活を始めないといけないわけです。

大手人気企業には、インターンで学生の本質を見極めたいという本音もありますから、やはりインターンは見逃せないポイントになります」。

企業によっては、夏のインターンだけでなく3年時の冬場（1、2月）にワンデー、あるいはツーデーのインターンを行うところもあります。

しかしこれに対しては、梅崎先生は否定的な考え方です。

「通常の年なら、マイナビやリクナビの就活サイトは3月に一斉に開くので、1、2月は幅広く情報収集をする時期で、就活生はいろいろな企業を見たいわけです。しかしその時期に、短いとはいってもインターンをもってこられると、学生はそこに行かざるを得ません。

企業からすると、採用活動の後ろ倒しによって、そうせざるを得ないとはいえ、たくさんの企業を見たい学生は、インターンに割く時間が増えてきます。私は、この時期は短時間の企業説明会でよいと思っています。この時期のインターンには、最後に学生を集めたいという企業の本音もあります。教育者の立場からすると、学業に一番集中すべき時期に無駄に就活に時間をとられてしまう。これでは本末転倒だと思います」。

さらに梅崎先生は、学生のインターンの活用について、こうアドバイスします。

「3年生の1、2月、つまり4年生になる直前の就活開始前の時期は、もっと情報収集に徹した方がよいと思います。その代わりしっかりと2年時から準備をして、3年生の時の夏の長期のインターンで目標を定めることです。そしてインターンを通じて自分自身を成長させることが大切です。

インターンの人気は大変高いですが、業界の分析やビジネス企画とそのプレゼン体験、海外体験、複数の社会人からのフィードバックなど、インターンをうまく使うことで、この時期に学業の内容と将来の仕事を結び付けて考えるきっかけにもなります。

つまりインターン経験が学業への関心をさらに高めることもあるのです。

3年生の夏、さらに1、2年時のインターンは、『インターンも学業も』という欲ばりができる時期なのです」。

3年生の時に長期インターンを経験できるように、4年間の学びのスケジュールを組み立てることが、「学びと就活を両立」するコツだと、梅崎先生は語っています。

キャリアセンター主催のセミナーは受けた方がいいのでしょうか？

一方、企業の採用担当者にとって、インターンはどういう位置付けなのでしょうか？　アパレルメーカーL社のIさんに伺いました。

「私たちにとって採用戦線のスタートは、例年だと3年生6月からのインターン期間です。プレ採用といってもいいのですが、学生さんたちにとっても夏のインターンが就職戦線のスタートといっていいでしょう。

私たち担当者は、インターンやイベントで学生さんと接触し、就活生のデータを取りはじめます。

全国の大学のキャリアセンターと繋がりがあるので、2年生を対象にキャリアのセミナーをしたり、授業をしたりもします。

それらのテーマはアパレル業界の話よりも最近話題の仕事と働き方改革の話、そのアドバイスなどが多いですね。そういうときも、常に学生を観察して、気になる学生がいたら気にとめるようにしています」。

つまり就活生にとっても、キャリアセンターが主宰するセミナーや講座は、学ぶ場であると同時に「選ばれる場」であると意識することが大切です。

企業と学生が出会うのはインターンだけでしょうか？

就活生が自分とマッチする企業と一刻も早く出会いたいのと同様、企業の採用担当者も、一刻も早く優秀な学生に出会いたいと願っています。

現在はコロナ禍により採用が控え気味なので、「買い手市場」のようにも見えますが、少子化による学生数の減少や今後の企業の成長を考えれば、本来なら「売り手市場」です。やはり企業は、優秀な学生を確保するために必死です。

たとえば前出の食品商社のMさんはこう語ります。

「本音を言えば、私たちは会社説明会やインターンシップとは違うところでも学生に出会いたいと思っています。もっと手前でアプローチをしないと、ES申し込みのサイトにクリックしてもらえないし、応募をしてもらえないからです。

弊社の場合、本質は食材卸業の会社なのですが、学生さんにはどうしても飲食業に見えてしまうことも多いのです。そうするとブラック企業なのではないかと捉えられて、避けられてしまう傾向があります。

そういうイメージを払拭するためにも、早い段階で学生と出会って、社名と企業活動の本質を知ってもらい、飲食店ではないんだと理解してもらうことに力を割いています」。

会社説明会やインターンではない「出会いの場」となると、ゼミの先生が知り合いの企業の採用担当者を招いて開く「就活セミナー」や、「事業戦略講座」のような場がチャンスです。

企業としても、大学と協力してこのような講座に無料で採用担当者を向かわせたり、大学への授業協力を行ったりしています。

前出のアパレルメーカーL社のIさんのスケジュール帳は、全国の大学で開催する講座名で真っ黒です。それくらい企業は大学との関係を強化したがり、実はインターンより前の段階で、学生との接触を開始していたりもするのです。

つまり3年時の夏から始まるインターンは就活戦線の開始ではあるのですが、その前段階から、水面下の戦線は始まっているということです。

そういう企業にとっては、インターンはもはや「学生の本質を見極める場」というよりも、形式的な「お見合い」という定義であるケースもあります。ことに理系の学生の場合、担当教員から綿密な学生情報が企業に届いていたり、研究室から何人採用という「慣例」もあったりしますから、インターン以前に決まっているケースも少なくありません。

あるいは前出の食品商社のMさんは、インターン偏重の風潮に対してシニカルにこう語ります。

「就活生を見ていると、インターンシップを経験することで企業のことをわかったような気持ちになっている学生も多々見られます。でも私たちは、インターンは企業活動の一部を知ってもらう職業体験の場と考えています。つまりどんなに頑張ってもらっても、学生さんたちに本格的な仕事は任せられませんし、会社組織の中に入ってもらうわけにもいきません。なんとなくでもいいので、学校の授業と親和性の高い仕事があることを知ってもらい、学んできたことが生かせそうだというイメージを持って帰ってもらえれば採用担当者としてはＯＫとなります。

だからインターンを経験したからといって変に会社のことがわかったなんて思わずに、むしろまっさらな状態で入社してほしいと考えています」。

理系のインターンはどんな状況ですか？

もちろん理系の会社では、就活生が学んできた専門性と仕事とのマッチングを厳しく見るケースが多くなります。

大手IT企業の採用担当者、Aさんはこう語ります。

「弊社では、理系の学生さんは8月に3週間みっちりとインターンをしていただきます。そこで弊社のプロジェクトとの相性をしっかりと見て、そのまま採用ES、面接、試験となだれ込んでいきます」。

建設業U社の採用担当のKさんも、こう語ります。

「理系の建築学科の学生さんたちには、各現場に1、2週間みっちりと入ってもらいます。大学の先生の紹介で来てもらうケースもあるので、かなり採用に近いインターンといっていいと思います」。

U社では、営業や経理、総務等に配属される文系学生と、大学でも建築を学んできた理系学生では採用活動も明確に分けています。

「文系の学生さんの場合は、インターンは公募制で3年時の夏に2~3日、冬はワンデーで実施し、おもに現場を中心に見てもらっています。いずれのケースも、インターンで弊社の雰囲気や現場の様子を知ってもらうと採用選考に入りやすいからです。

公募は抽選になりますが、学校経由で紹介がある場合は、追加で来てもらうこともあります。そこで出会った学生さんとはその後もコミュニケーションを取り、採用戦線のオープンとともにサイトからエントリーしてもらうという流れです」。

一方、老舗電気メーカーのNさんは、こう語ります。

「弊社の場合、文系のインターンは短期ですが、理系のエンジニアは、研究職のような場合、最長で半年間にわたる長期のケースもあります。文科系学生を採用する事務系には短期的なインターンもあり、そこで認められたら採用に極めて近い評価を受けるケースもありますね」。

インターンは、経験したほうがいいでしょうか？

食品商社のMさんは次のように言います。

「私個人としては、就活中の学生さんにはインターンシップは経験した方がいいと勧めています。インターンシップを経験した方が、働くイメージが持てたり、その企業に対する意識が高まると考えているからです。

実際にたくさんの就活生を見てきた印象としては、インターンシップに早い段階で応募してきた学生は意識が高いですし、内定辞退率も低いです。とても優秀な学生が多いのです。

もちろんそういう学生には各企業が群がります。そういう学生は立ち居振る舞いも上手ですし、企業からの期待値も高いです。採用担当者がほれ込むような学生がいたら、やはり私たちは追いかけます。採用のフライングはしませんが、採用戦線が開く前に、担当者との人間関係を結ぶようにしています。そういう関係ができるのも、インターンを経験すればこそです」。

ESだけでなくインターンに対しても、各社のスタンスは微妙に違いがあります。就活生はその辺を見極めながら、それでも「インターンは経験した方が絶対に得」という原則があることを頭に入れて活動するといいでしょう。

そのためには、ESの準備の前倒しが必要です。インターン用のESに向けた文章力を3年の夏までにつけておくこと。もしかするとそれは、本番の就職戦線よりもESの比重が高い競争かもしれません。

文章術の勉強に1年をかけるとしたら、2年の夏から書き出すことがポイントとなります。

2 インターンやESを通して就活生は何を意識すればいいのか

そもそも就活は根本的には何をする時期だと考えたらいいですか？

ここまでESや面接、インターン等の内情を採用担当者のインタビューから語ってきました。けれどそもそも就職活動って何をするものなの？　どんなことを意識していけばいいの？　そんな「そもそも疑問」を持っている学生もいるようです。

老舗電気メーカーのNさんは、自分の就活も振り返りながら、次のように話してくれました。

「就活は22年間の人生の棚卸しをするときだと私は考えています。仕事柄、大勢の学生さんと出会いますが、私は常にその人の喜怒哀楽を理解したいと思っています。何に喜び、何に悲しみ、何に対して怒るのか？　それが把握できれば、採用活動は十分だと思います。

喜怒哀楽の内容がいいとか悪いとかではなく、いつどんな時に喜ぶのか、悲しむのか、怒るのかがわかれば、その人と弊社とが合うか合わないかがわかります。あまり短気な人は、弊社のような歴史の長い企業では合わないかもしれません。喜ぶポイントも、自分が何かを達成したときに喜ぶのか、他人が成功したときに喜べるのかでも違います。もし傾向がわかれば、採用をしたらどこの部署に配属したらいいかも考えられます。ですから年下の担当者にも、学生の喜怒哀楽を把握して！　と言っています」。

自分自身はいつどんなときにモチベーションが上がるのか？　いつどんなときに下がるのか？　何を喜びとしているのか？　何が苦手なのか？　何が

得意なのか？　等々、自分自身を理解すること。

それは就職活動に限らず難しいことですが、それができていないと他者を理解することもできないはず。つまりそれが「自分自身を、棚卸しする」ということだとNさんは言うのです。

その棚卸しをするためにNさん自身は、一人になれる時間、例えば今もお風呂の中などで、小さいころからの自分の年表を考えたりすることがあるそうです。

「よくモチベーショングラフっていいますよね。何か出来事があったときにやる気がマックスになったり、逆に落ち込んだり。この時代は充実していた、この時代は安定していた。でもこの頃は何もかもやる気がなくて落ち込んでいた……。

私は一人になれる時に、そういうモチベーショングラフを少女時代から現在までたどって描いてみたりしています。

あるいはものすごく怒った時、喜んだ時のことをノートに書いてみることもあります。学生さんにもそれを勧めます。そうしておくと、あとで振り返ったときに、自分にはこういう傾向がある、こういう人間なんだとわかるようになります。現役の学生さんにも、就活のためだけでなく、日常的にも習慣づけるといいとアドバイスしています」。

いずれにしても採用担当者が知りたいのは、Nさんが語った「学生たちの喜怒哀楽」に象徴されるような、「素」の顔です。

たとえばアパレルメーカーのL社では、採用活動の終盤に「ショップレポート」の課題を出すことで、学生の「素」を見極めていると採用担当者のIさんは言います。

「面接が進んだ段階で実際に私どものお店に行ってもらって、その感想や気づいたことを、何でもいいのでA４一枚で書くという『ショップレポート』の課題を全員に出しています。

しかしある年、ある一人の就活生のショップレポートがとてもひどかった。その学生はとても優秀で、人間的にも魅力的な人でした。ところがショップレポートを書かせたら、そこに店や商品に対する思いが全く感じられなかった。企業研究を疎かにしていて、ブランドに対する興味や関心がレポートに出ていなかったのです」。

このままでは面接で落とす以外ない。けれどそれにはあまりに惜しい人材だ。そう思ったIさんは、「もう一回店を観察してレポートを書いてみませんか?」と、もっと企業とお店を勉強するように促したそうです。すると二度目は素晴らしいレポートを書き、見事合格になったとか。

この学生はとても優秀な人材だったので、このように二度目のチャンスが与えられたのだと思いますが、通常ならそこで即不採用となるでしょう。

L社ではこのショップレポートは採用活動の恒例になっていて、お店の担当者からも、「今日学生がきていろいろ質問をしていきました。その学生はディスプレイに関心を持って、時間をかけてお店を見学していきましたよ」と人事部に報告がくるのだそうです。もちろんその内容も評価の対象になります。

「なによりも、手書きで書かれた文字を見れば、その学生がいつお店に行ったのか？　観察を蔑ろにしていなかったか？　誤字脱字が多いな。おちつきのない学生なのかな？　といったことがダイレクトに感じられます」とIさんは語ります。

レポートに現れる商品構成や店員との対応を読めば、どの店にいついったのかわかるというのですから、採用する側もさすがにプロフェッショナルです。さらにこう続けます。

「弊社の商品は顧客ターゲットが違うので当然なのですが、学生さんからすると値段も品質も高く、普段接することがない商品です。ですので店をろくに見ないでレポートを書いてもすぐにわかるのです。初期の段階の説明会時にこのレポートの趣旨を説明したうえで、面接が進んだ段階でこのショップレポートを実施し、その後適性検査を行い、3次選考までの二週間でレポートを書いてもらうようにしています。

細かくお店を見てきていれば、面接の時に担当者との会話が豊かになります。なぜなら弊社の共通語で会話が交わせるからです。本当に自分がそこで働く覚悟で行っているのか？　それがわかるだけでも学生を見極めるには十分です」。

L社の「ショップレポート」は、学生の「素」が出るという意味では、表現は違っても「自分を棚卸しすること」とほぼ同義なのではないでしょうか。

就職活動に臨むということは、20数年間の自分自身の素を自分で訪ね、理解し、納得して「丸ごとの自分」を企業や採用担当者に見てもらうこと。いくら取り繕っても、やがては見破られると言っても過言ではありません。

ちなみにL社では、このショップレポートは社員の重要なデータとして所属している限り保管されているそうです。入社5年目10年目の昇進試験の際には担当者が取り出してきて、「君の入社時には〜」と「振り返りの時間」を持つこともある。

つまり社員にとっても、貴重な財産というわけです。

企業に学閥はあるのでしょうか？

昔は大企業には必ず「学閥」があると言われました。

例えば金融界では、一番多いのは東京大学の出身者で構成される「鉄門閥」、続いて一橋大学出身者の「如水閥」、さらに慶應義塾大学の「三田閥」が続くと言われます。

個別に企業を見ていくと、年によって若干の差異はあるものの、三菱UFJ銀行の場合は、合格者数では東京大学出身者（鉄門閥）が一番多く、次が慶應義塾大学出身者（三田閥）、そして一橋大学出身者（如水閥）という順になると言われています。

同じ財閥系でも、三井住友銀行の場合は採用で一番多いのは東京大学と慶應義塾大学。次いで早稲田大学と神戸大学出身者という順になっている。

これらのケースでは、毎年大学閥別に、ある程度採用数が決まっていると考えるのが自然でしょう。

今回の取材の中では、建設業U社のTさんがこう教えてくれました。

「弊社の場合、はっきりとした学閥というものはありません。学歴フィルターはないといっていいと思います。例えばESに関して言うと、いわゆる下位校でもしっかりとした文章が書けていれば、東大生で文章が書けない人より評価は上になります」。

ただし建設業という業界柄、意外な観点で「学校の見分け」があります。「面接は2回行って地頭力を見ますが、採用に関しては学校ごとの偏りがないようにします。事務系を20人採るとしたら、早稲田や日大のように、応募学生が多い大学に偏らないようにします。なぜなら大学は、校舎建設等のお客さん（発注主）にもなるので、出身校がばらけていたほうが、営業的にメリットがあるからです。

そういう意味で、ESや面接を繰り返しても、成績のいい順に採ることはしません。放っておくと応募者数の多い早稲田や日大の学生ばかりになってしまいますから、全体のバランスを考えて採用します。

出世に関しても、弊社は学閥は全く関係ありません。正直に言えば、上位校で優秀な学生は一部上場の超大手に行ってしまうので、弊社としては、下位校の優秀者の方が採用にも手応えがあります」。

一方で、老舗企業には、やはり学閥意識が残っているようです。老舗電気メーカーのNさんはこう語りました。

「学閥という意味では、以前と比べると弊社でもだいぶ取り払ってきました。でも全くないかといえば嘘になります。実際には、MARCH（明治、青山、立教、中央、法政）が足切りのラインになります。

応募者から提出されたESは、大学別にグループ分けします。「旧帝大～上智まで」、「それ以外のMARCHレベル」、関西では「関関同立」、地方大学では「北海道大学、小樽商科大学、北九州市立大学、高崎経済大学」あたりまでが採用ラインでしょうか。そのラインに達しない大学の学生が書いてきたES等も読みますが、面接までいく確率は低いと言っていいかもしれません」。

古い業界の老舗企業、旧財閥系企業、斯界のリーディングカンパニーになると、やはり学閥意識は残っているのです。

3

新型コロナの感染拡大で、採用戦線はどう変化しているか

「売り手市場」(応募学生有利)から「買い手市場」(採用企業有利)になるというのは本当ですか?

2020年3月から急激に猛威を振るいだした新型コロナウイルス。その世界的な感染拡大により、あらゆる業界がかつてないほど疲弊し、断末魔の悲鳴をあげています。

象徴的なのが航空業界です。

日本航空も全日空も、コロナ禍以降月に1000億円近い赤字を出して

いると報道されています。

この状態では社員にボーナスも払えず、年収も3割減と報じられました。海外の航空会社は、早々にＣＡの解雇を打ち出し、失業した人も少なくありません。こういう状況では、各企業ともに例年どおりの採用ができるわけがありません。

旅行業界、飲食業界、自動車業界、航空会社を含めた国内の交通業界、これら全ての業界が、コロナによる活動自粛期間には収入が前年比9割以上の落ち込みとなりました。これが２０２１年に向けてどこまで戻るのか？　あるいは戻らないまま日本経済は沈没してしまうのか？

採用戦線の命運も、まさにコロナとともにあるという状況です。

その中で、採用担当者は何を考えているのでしょうか？　その本音を聞いてみました。

アパレルメーカーL社のIさんは、5月の段階で現状の採用活動の詳細を、メールでこう書いてきてくれました。

「確かにこの状況で、一時的に『買い手市場』になる可能性は高いと思います。すでに2020年度市場で内定数を出している企業では、このあと計画数まで内定者を出していいか検討しているところもあるようです。

経済全体が停滞というより停止している中で、今後の営業活動が不透明なのですから、採用も慎重にならざるを得ません。大手企業でも助成金頼りの経営をしているところも少なくない状況の中で、新規採用よりも現在の雇用を守るほうを優先する方向に動いているのかもしれません」。

その一方で、採用市場はコロナ禍で一時的には変化はあるものの、長期的なスパンで考えれば従来のトレンドには変化はないのではないか？　と考える担当者もいます。

例えば食品商社のMさんとモザイクワークの高橋さんはこう語っています。

「コロナ禍とはいえ、現在の多くの業界は人手不足であり、少子化で学生の数も労働人口も減少トレンドであることは間違いありません。応募者が減るのですから、やはり企業は選んでもらう側であり、売り手市場は続くと思っています。

しかも弊社でもそうですが、採用に力を入れるとは言っても、限られたマンパワーと予算で採用作業をやっているのですから、できることは限られています。コロナが収束してくると、また元の状態に戻ると考えて間違いないのではないでしょうか」。

高橋さんはまた、こうも語ります。

「コロナに合わせてのオリンピック延期もありましたが、2021年に開催できるかもまだわかりませんから、現在の日本の経済は予測できない状況にあることは確かです。

けれど少子化と高齢化は確実に進んでいますし、労働人口が減っていることも間違いない事実です。ですからコロナがあっても採用しないわけにはいかないというのが各企業の本音なのです。

またリーマンショックの時に各企業は一斉に採用を手控えて、そのツケが何年後かに現れて大きく反省したという経験もあります。つまり毎年の採用にムラがあると、企業の年齢構成にもムラが出て安定した経営ができないのです」。

この点に関しては、採用就職戦線の全貌を知る「マイナビ」担当者の分析を1章でもお伝えしています。

就職戦線のスケジュール等にも変化はありますか？

アパレルメーカーL社のIさんに就活戦線のスケジュールの変化を伺うと、次のような回答でした。

「2021年度卒の採用スケジュールに関しては、オリンピックが延期になった関係で変化があると思います。弊社では21年度卒のスケジュールは後ろ倒しにしました。22年度卒に関してはオンラインのみで展開する企業が増えるでしょう。

ESに関しては、コロナの影響で対面式の説明会や面接がなくなったことで、むしろ採用担当者が読む時間は増えています。

少なくとも弊社ではオンライン説明会になったことで、その感想を試聴レポートという形で提出していただいています。それを評価してふるいにかけるわけではありませんが、説明会のどの部分に興味をもったかなどを参考にしています」。

またオンライン説明会やオンライン面接の変化に対して、採用担当者はどう感じているのか、引き続き本音をIさんに伺いました。

「気づいたことは、Webでの面接だと非言語的な手がかりが減少している感じがします。つまり対面式の面接で感じていた『雰囲気』、『仕種』、『服装』といった点が伝わりにくいので、かえって『話している内容』、『言葉づかい』、『思考力』などに注意が向くのです。

逆に言えば、今までの面接は非言語である『印象』や『雰囲気』に引きずられて、その人の本質が見えていなかったのかもしれません。そういう意味で、Ｗｅｂ面接にも利点はあるなと思っています」。

モザイクワークの高橋さんは、この件に関しては、次のような懸念を抱えています。

「採用戦線のスケジュールは長期化するでしょうし、説明会や面接などもＺｏｏｍ等のリモート対応になることは間違いありません。

ＥＳには大きな変化はないと思いますが、内定自体や早期退職者は増えるかもしれません。それはリモート対応で企業と学生のマッチングが図れずに採用してしまうケースが増えると予想されるからです」。

コロナの影響がどんなふうに就職活動に現れるか？
それはまだ現段階では誰も言い当てられません。
現在進行形で状況は刻一刻と変化していますから、学生各自が足下をしっかりと固めて、「正解はない、けれど決断は不可欠」という信念をもって歩んでいくしかないようです。

本章で述べたように、就職活動において3年夏のインターンは最重要。その選抜をくぐり抜けるためには、2年の夏からＥＳのための文章力を鍛えることが大切です。

そして就職活動が本格化する前に、自分自身の棚卸しをすること。自分はどんな人間で、何に喜びを感じるのか。何に悲しみを感じるのか。そのことを知ることで、本当にやりたいことはなんなのか？　求める暮らしはどんなものなのか？

そんなことを深く自分に問いかけてみていただきたいと思います。

CHAPTER 4

文章力の正体

梅崎修

採用は、企業にとって大きな買い物

ESは、就職活動における第一関門と言えます。

ただ、書類通過できるかどうかだけの問題ではなく、その後の面接でも、このESを見ながら質問されることを考えると、ESは面接という場をつくるシナリオのような役割を果たしています。

では、ESの出来不出来を決めてしまう文章力とは何か。この章では、文章力の正体について説明したいと思います。

ただ、その前に、会社にとって採用活動がどのような意味を持っているのかについて考えてみましょう。

まず確認すべきは、学生にとって就職活動が大変な労力を伴うように、企業もまた、採用活動に最大限の労力を割いていることです。なぜなら**会社にとって、新卒学生の採用は「大きな買い物」だからです。**

実際、採用活動にかかる経費を考えてみましょう。学生が無料で利用している就職情報サイトも、企業はその広報募集のスペースもお金を出して買っています。

入社してもすぐにバリバリと働けるわけでもなく、まずは新入社員研修が続きます。この研修には、宿泊費、時には外部講師に依頼するわけですから費用がかかりますし、その間、新人には給料が支払われます。忘れてはいけないのは、採用や新人研修に携わる人事担当者の給料も、当然、経費になっているということです。

新入社員の給料は低いですが、今後、10年、20年、場合によっては65歳までの長期勤続することを想定してみましょう。その間に支払われる賃金の総額はいくらになるでしょうか。

定年退職まで2億円を超える給与を支払うような企業では、その採用した人材が、長期で給与に見合った活躍をしてほしいと思っています。新入社員時代、生産性以上の給料を支払ったとしても、従業員には徐々に成長してもらい、将来は給料以上の成果を出してほしい。要するに、会社は、**「入社後に成長する学生」を採用したい**と考えているのです。

新卒の社員に対して、「求めているのは即戦力です」という企業もありますが、私はこのメッセージを疑っています。もしかしたら、こういった企業は学生には魅力的に見えてしまうのかもしれませんが、裏を返せば要するにこういった企業には、**「会社に新卒でもできる仕事しかない」**ということになるとも言えます。

新卒10年でようやく到達できるスキルがあると言われる方が、働く側としては魅力的ではないでしょうか。なぜなら、「よし、10年かけて成長し、30代にはその仕事を担当するぞ」という将来展望が描けるからです。もちろん、成長機会も与えず、選抜のチャンスもないダメ会社は論外ではありますが。

トレーナビリティという能力

話を元に戻しましょう。

会社は、就活生に対して、**入社時点の能力よりも今後の能力が伸びるかどうか、つまり「学習の加速度」を評価しています。**

名刺の渡し方のような社会人マナーを覚えたとか、業界知識を得たとか、数日で身に付くような知識はほとんど評価されません。そういったスキルや知識は、学生らしく常識的であればよいのであって、**新入社員研修の「先取り学習」をしても意味がないのです。**業界知識などは友人の間では自慢できるものなのかもしれませんが、採用担当者から見れば、それらは数日で追いつける学びでしかないのです。

同じ経験をしても成長速度は人それぞれ、企業側が学生の中に見つけたいのは、将来的に10年20年と成長し続ける可能性です。それは、**トレーナビリティ（訓練可能性）**と呼ばれています。

現代において、企業がおかれている環境は、事業戦略が短期で変わる時代です。企業というのは、外側から見るとあまりわかりませんが、その中身を事業という単位で見ると、常に変化しています。

例えば本田技研工業（Honda）は、元々はオートバイを作っていた会社ですが、やがて自動車を作るようになり、現在は飛行機もロボットも作っています。

これは、作っている機械が変化している事業転換と言えるかもしれませんが、ではGoogle社が自動運転車を開発する事例はどうでしょうか。今後は、本田技研工業が情報通信業に進出するかもしれないということなのです。

技術が進化し、事業が変われば、今まで学んできたことは、すぐに陳腐化します。そして、新しい事業に合わせた新しい知識が必要になります。

江戸時代から続くような職人仕事は、一度スキルを身に付けてしまえば、その後もそのスキルが陳腐化する可能性は低いでしょう。高級寿司職人になるのは大変ですが、一度身に付けた魚の目利きや料理のスキルが、全く必要ご愛読ありがとうございます。

読者カード

●ご購入作品名

[　　　　　　　　　　　　　　　　　　　　　　　　　　　　　　]

●この本をどこでお知りになりましたか？

1. 書店（書店名　　　　　　　　　　　　　　）　2. 新聞広告
3. ネット広告　4. その他（　　　　　　　　　　　　）

年齢　　歳　　　性別　男・女

ご職業　1.学生（大・高・中・小・その他）　2.会社員　3.公務員
4.教員　5.会社経営　6.自営業　7.主婦　8.その他（　　）

●ご意見、ご感想などありましたら、是非お聞かせください。

……………………………………………………………

……………………………………………………………

……………………………………………………………

……………………………………………………………

……………………………………………………………

……………………………………………………………

……………………………………………………………

……………………………………………………………

●ご感想を広告等、書籍のPRに使わせていただいてもよろしいですか？

（実名で可・匿名で可・不可）

●このハガキに記載していただいたあなたの個人情報（住所・氏名・電話番号・メールアドレスなど）宛に、今後ポプラ社がご案内やアンケートのお願いをお送りさせていただいてよろしいでしょうか。なお、ご記入がない場合は「いいえ」と判断させていただきます。

（はい・いいえ）

本ハガキで取得させていただきますお客様の個人情報は、以下のガイドラインに基づいて、厳重に取り扱います。

1. お客様より収集させていただいた個人情報は、よりよい出版物、製品、サービスをつくるために編集の参考にさせていただきます。
2. お客様より収集させていただいた個人情報は、厳重に管理いたします。
3. お客様より収集させていただいた個人情報は、お客様の承諾を得た範囲を超えて使用いたしません。
4. お客様より収集させていただいた個人情報は、お客様の許可なく当社、当社関連会社以外の第三者に開示することはありません。
5. お客様から収集させていただいた情報を統計化した情報（購読者の平均年齢など）を第三者に開示することがあります。
6. はがきは、集計後速やかに断裁し、6か月を超えて保有することはありません。

●ご協力ありがとうございました。

郵便はがき

おそれいりますが切手をおはりください。

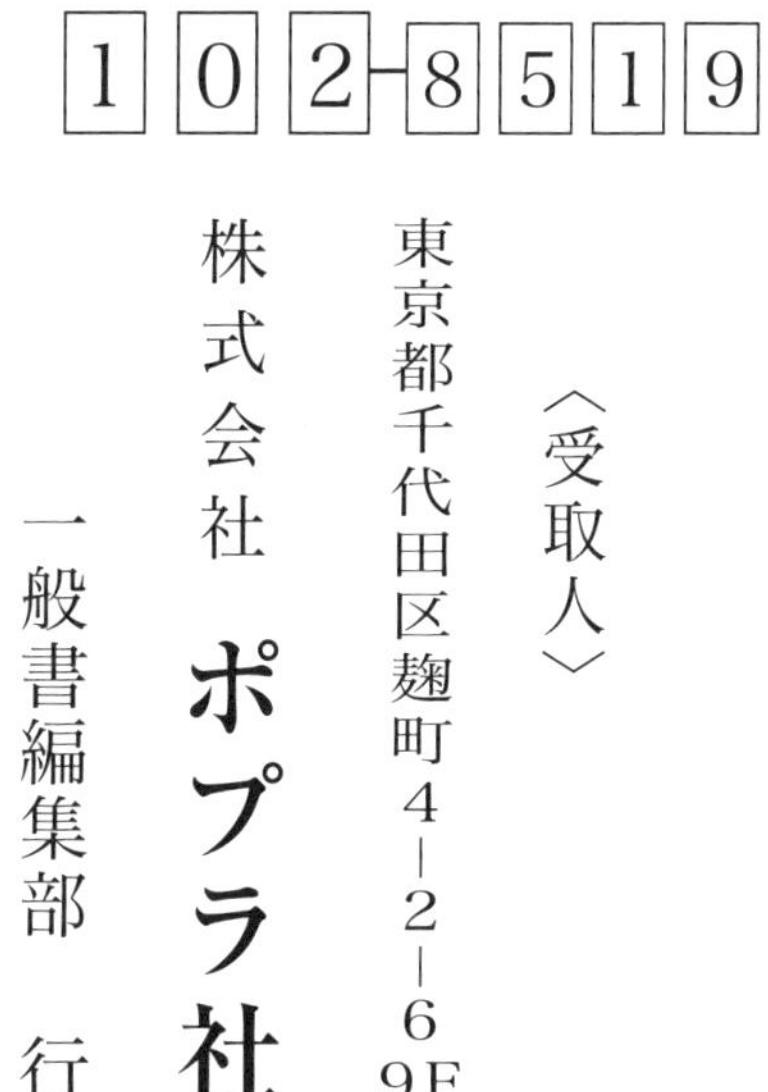

お名前 (フリガナ)

ご住所 〒 TEL

e-mail

ご記入日 年 月 日

とされなくなることは想像しにくいです（もしかしたら、ロボットがつくった料理の方がおいしいという時代が来るかもしれませんが……）。

ところが現代の会社は、次々に生まれる新技術に適応しながら、新事業をつくり、新商品を開発しています。特に近年、事業の新陳代謝がどんどん速くなっています。そんな会社で求められる人材は、**環境変化に伴う新しい知識・スキルを学び続けられる人材**なのです。

実際、現時点で、この未来の知識が何であるのかを予測することは不可能です。ですから、新しい環境に遭遇し、必要な知識がわかった未来の時点で、素早く学べる人が求められているのです。

一方で、**今、大学生にとっての「未来」は長くなっています。**「人生100年時代」という言葉を聞いたことがある人は多いと思います。この言葉は、ロンドン・ビジネス・スクールのリンダ・グラットン教授が『LIFE SHIFT（ライフ・シフト）――100年時代の人生戦略』（東洋経済新報社）という本の中で提言しました。平均寿命が、１００歳前後まで延びていく社会では、個人、組織、国家のあり方が見直されるようになっているのです。

現代の日本において、個人と国家の都合だけで考えれば、国民はもっと働き続けて、国にも税金を納めなければなりません。つまり、大学卒業後70歳、75歳まで働き続けるしかないのですが、卒業後、約50年間、仕事の陳腐化や自身の加齢に抗いつつ、自分の能力を更新し、会社から求められる人であり続けなければいけないということは、とても難しいことなのです。

さらに、今の時点で、業種や職種について、これが必要とされそうだからと、まるで賭け事のように「学ぶこと」を選んでも、外れクジをつかまされることも多いのです。

だからこそ、この**トレーナビリティ（訓練可能性）、言い方を変えると「学ぶ力」**が重要になってきます。なぜなら、この力があれば今後も学びのエンジンを動かし続けることができるからです。つまり、若い人たちがはじめに獲得すべきは「学ぶこと」ではなく「学ぶ力」なのです。

私は、この「学ぶ力」の正体は、文系学部の大学生にとっては「文章力（読解力も含む）」がそれにあたると思っています。そう、今、大学生の皆さんが日々の大学生活の中で行っている「本を読んでレポートを書くこと」は、本当は人事のプロからも「学ぶ力」として評価されています。

ところが、どうも実態として社会全体では、こういった大学教育は過小評価されることも多いようです。

では次の段落では、その理由について考えてみたいと思います。

経験の内省力・抽象化力

会社では、職場における学びを「教育」と言わず、人材育成と言います。そして人材育成の中心は、学校のように座学ではなく仕事をしながらの学習、つまりOJT（On the Job Training）です。もちろん座学形式のOff-

JT、例えば、新入社員研修、管理職昇進や部署異動の前後の研修も行われます。

しかし、それらは企業内人材育成全体の中では一部でしかありません。職種転換によって必要な専門知識を短期間で獲得しなければならない時は、もちろんOff-JTです。その他にも、今までの経験を振り返り、経験から得た知識を自分の中で体系化するためにピンポイントのOff-JTが行われることもあります。

OJTは、経験学習論と呼ばれる学問によって、そのメカニズムが説明されています。経験学習（experiential learning）の代表的な理論として、デイビッド・コルブというアメリカの教育理論学者が1970年代に提唱した理論モデルを紹介しましょう[1]。

このコルブの理論では、経験はそのまま知識に変換されるのではなく、いくつかのステップを経て知識になっていくことが提示されています。

人はまず、①具体的な経験をした後、次に②その経験を多様な観点から内省的に観察し、さらに③その内省から得られた知識を他の場所でも応用できるように抽象化し、④新たな状況で積極的に実験する、ということがわかっています。

こういったプロセスを経ることで、結果的に新たな具体的な経験を得られるので、経験学習のサイクルが繰り返されるのです。

行動しなければ経験は生まれません。しかし、考えや行動を深くかえりみる

コルブの経験学習モデル

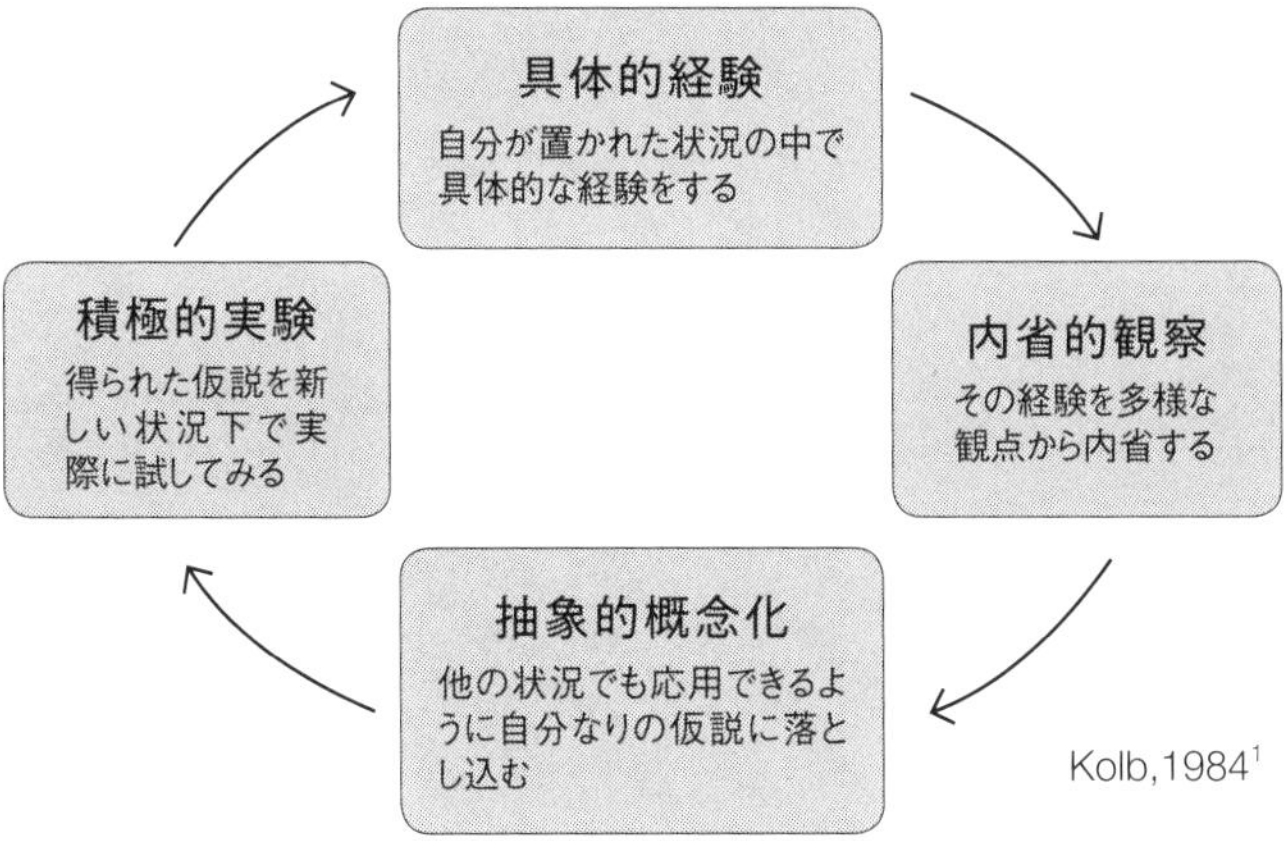

具体的経験
自分が置かれた状況の中で具体的な経験をする

内省的観察
その経験を多様な観点から内省する

抽象的概念化
他の状況でも応用できるように自分なりの仮説に落とし込む

積極的実験
得られた仮説を新しい状況下で実際に試してみる

Kolb,1984[1]

という内省がなければ、経験を自分自身で把握することができないのです。

さらに内省からつかんだ法則を検討できなければなりません。この法則は、限定された自分の経験から作られたものなので、一般的に当てはまるのかどうかわからない、正確には内省の時点では「仮の法則」で、だからこそ検証による改善が必要になります。

そしてこの内省と仮の法則という二つの能力は、「言葉」を使って行われます。オックスフォード大学の苅谷剛彦教授は、言葉の力を演繹(えんえき)的思考と帰納的思考の二つから説明しています[2]。

演繹的思考とは、抽象的な概念を使って、その概念が指し示す具体例をあげていく思考になります。

これに対し、帰納的思考とは、具体的な事実の観察から、それらの共通点や差異に注目して、抽象的概念を導き出す思考になります。

すなわちビジネスにかかわる問いでは、学校の勉強のように「正解」があらかじめ決まっているわけではないので、演繹的思考も帰納的思考も、頭の中での思考実験になり、常に「仮の提案」になります。

つまり、この二つの思考方法を行ったり来たりすることで、「仮の提案」を少しずつ改善していくしかないのです。そして言葉の力がある人は、**この二つの思考方法を行ったり来たりすることが上手ですし、この行ったり来たりの経験がさらに言葉の力を鍛えるのです。**

「俺は自分が経験した事実の抽象化なんて、難しいことはしていないよ、ただ俺の前には具体的な現実があるだけ」と言う人もいるかもしれませんが、実際、具体的事実を抽象化していないという人はいません。人は望むと望まずとにかかわらず、勝手に自分が経験した事実を抽象化してしまうものなのです。

例えば、知り合いに大阪出身の人が3人いたとします。たまたまその3人が、納豆が嫌いだったとしましょう。それは確かな事実ですが、そうだからと言って、「大阪人は納豆が嫌い」という結論には結びつけられないはずなのですが、そういう一般的な法則にしてしまう人は多いです。

同様に、これは私の体験ですが、若い頃、東京から大阪に引っ越したときのことです。私が東京出身であると知ると、周囲の何人かの大阪人は、「東京といえばもんじゃ焼きが有名で美味しいんだろ（心の中で、お好み焼きの方が美味いよ、と思いながら）」と言ってきたものです。

とは言っても、東京の人でももんじゃ焼きを食べたことがない人は結構多いわけですし、もんじゃ焼きは大阪人にとってのお好み焼きほどのソウルフードでもありません。私自身は、「もんじゃ焼きは、そんなにうまくないのにそう言われてもな……。しかも俺が東京を代表しているわけでもないのに……」と心の中で思っていました。

いくつかの事例から、大阪人、または東京人という全体が○○であるという決めつけは、間違った抽象化です。納豆やもんじゃ焼きは笑える話なのですが、この商品は○○地域で人気があるとか、女性はこの化粧品のここが好きとか、子どもに受けるゲームは○○という要素があるとか、間違った抽象化は、ビジネスの現場では大失敗の原因となります。

この二つの思考方法、つまり演繹的思考と帰納的思考の間の「行ったり来たり」は、先ほど説明した経験学習のサイクルの内省、抽象、実験のプロセスに対応していることに気づかれたでしょうか。つまり、**勝手に抽象化して、なおかつその実験結果を検証しないと、学びのプロセスは止まる**のです。

以下の図に示したように、「行ったり来たり」と言われるのは、具体的事例を見て抽象化した概念（帰納的思

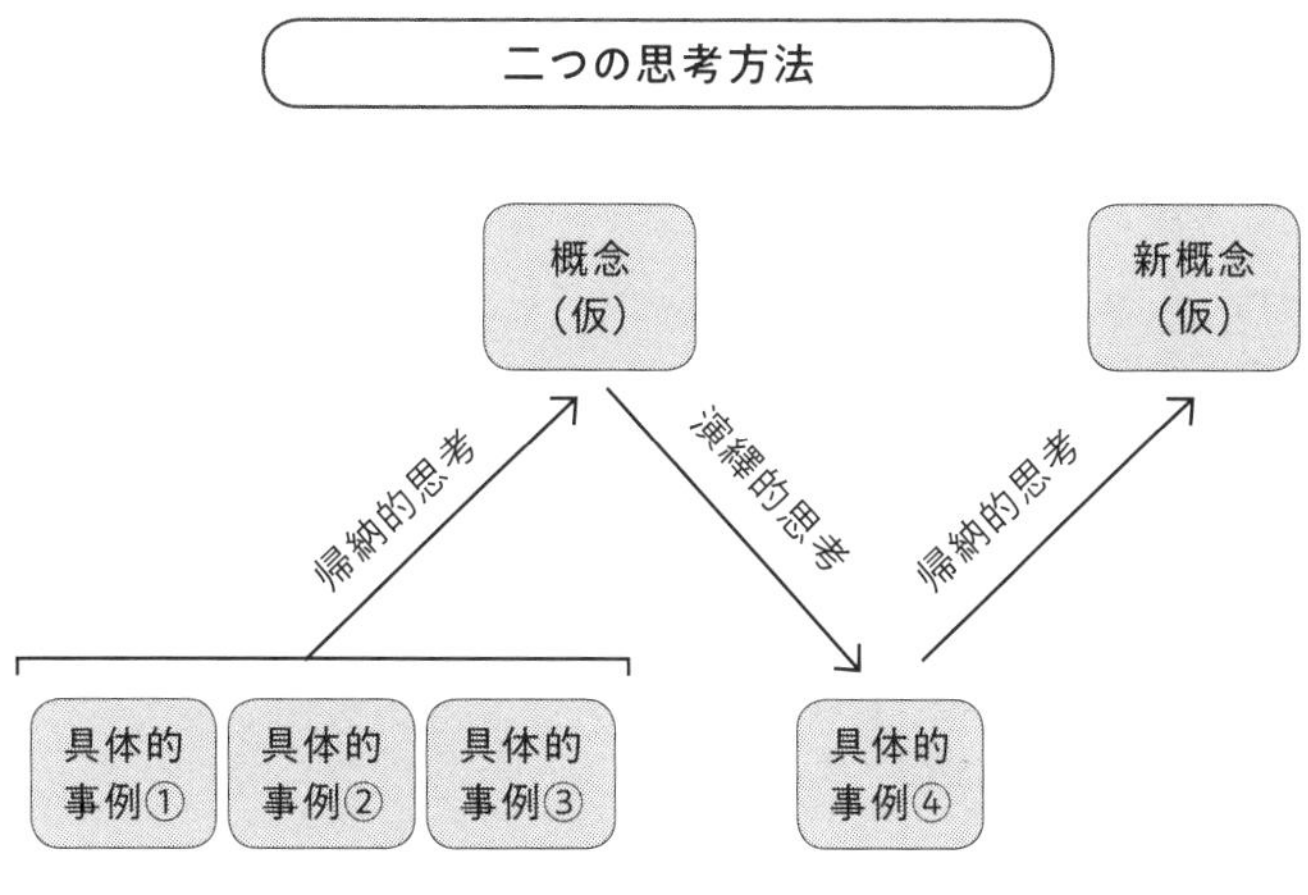

考）が、具体的事実に当てはまるかどうかを確認した結果（演繹的思考）、間違っていることに気が付いて抽象化を修正することを意味します。

これができる学生はなかなかいません。だからこそ採用担当者は、思考が表層化される学生たちの言葉の使い方を見ることで、その人の「言葉の力」の有無を判断し、経験学習のサイクルが回る人かどうかを必死に判断しているのです。

なぜ、おじさんは、勉強しなかったという自慢をするのか

このような大学時代の「学ぶ力」の重要性は、実証研究の成果でも明らかにされています。

使っている言葉が少し違うのですが、教育社会学者の矢野眞和氏が、大学卒業生への質問紙調査を分析しながら「学び習慣」仮説を提示しています[3]。

この仮説は、大学時代に得られた学習内容自体は現在の仕事に直接的には

役立つことはないが、卒業後の社会人としての学習を効率化させる役割を果たしていること、そしてその卒業後の学習を会社が評価していることを確認したものです。

「学び習慣」とは、先ほど述べた「学ぶ力」と同じ意味です。習慣という言葉は、少し意味が狭いので、私は「学ぶ力」と呼んでいます。

この研究の結果を図式化すると、以下の図のようになります。点線の効果は明らかではありませんが、学ぶ力は現在の職業能力を高め続けることによって現在の所得やキャリアの達成にプ

学ぶ力、学び習慣の仮説

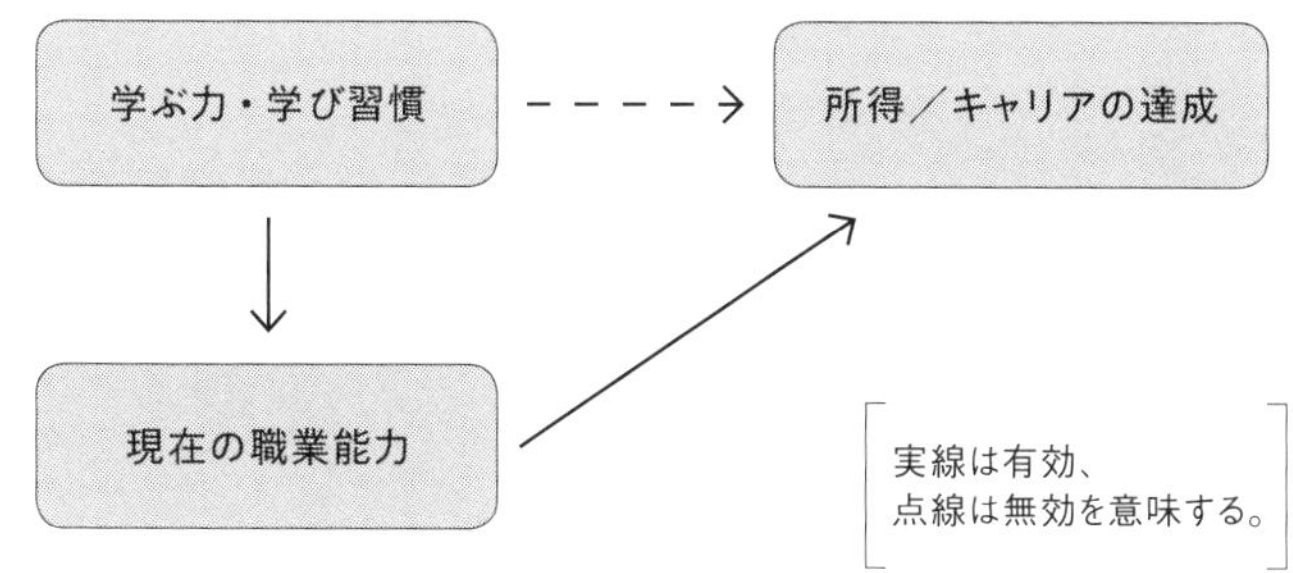

出典）矢野（2009）を参考に筆者が作成。

ラスの影響を与えていると考えられます。

私は以前、「迂回投資としての大学教育：企業内O．J．T．の観点から」という論文で、教育の投資としての側面を強調しました[4]。先の図を見ると、「迂回教育（投資）」と言いたい理由はわかってもらえると思います。「学ぶ力・学び習慣」を身に付ける教育は、農業をしている人がいきなりスコップ1本で作業を始めるのではなく、でっかいトラクターを手に入れるようなものです。もしくは大工さんが素手で作業を開始しても家はなかなか建ちません。まず素晴らしい道具を集めた方がよいのです。「学ぶ力・学び習慣」は、後々役立つ大きな道具なのです。

直接的には、仕事に役に立つように見えないからと言って学ばないのは投資の失敗です。陳腐化しやすい、今だけの職業的知識をその時々で詰め込むよりも、遠回りのように見えますが、将来、最新の職業能力を素早く身に付けられる「学びのエンジン」を確実に身に付けておく方が、若い時には重要なのです。

ところで私のような大学人が「大学では、今の職業能力ではなく『学ぶ力』、特に文章力を身に付けておくべき」と言いますと、人事担当者以外の、おじさん社員から時々反論があります。彼らは、大学時代に勉強をしなかったということを自信満々で語りますし、実際学んだことが今の仕事で役に立たないと言います。

この反論に、本気で反論しましょう。まずこのおじさんの認識は正しいのかという問題と、そもそもこのおじさんは、本当に勉強していなかったのかという問題があります。この二つを分けて考えてみます。

第一の問題は、先ほどの因果関係図を見れば、効果について誤解していることがわかります。データによれば、直接効果は確認できないが、媒介的な効果はあるのです。その媒介的な効果（学ぶ力から現在の職業能力への矢印）に気づいていないので、間違って「役に立たない」と言っているのではないでしょうか。

それから第二の問題ですが、授業に出ていないことが学びを止めていたとは一概に言えないのです。まず昔の大学進学率は低いことを確認しておきましょう。

現在の大学進学率は、約50％程度ですが、この進学率が30％を超えるのは90年代中頃なので、おじさんの大学時代は、大学生は今よりも学力で選ばれた存在だったと言えます。

さらに確かに昔の学生は、授業には出ていなかったけど、授業外で読書をする習慣、時には喫茶店などで本について議論をすることは今よりも多かったのです。１カ月に１冊も本を読まない人を不読者と呼びますが、大学生協連読書調査委員会が行った１９８７年の調査（２１２３名対象）における不読率は13・1％でした。それが、１９９０年の調査（１４３０名対象）では13・4％、２００６年と２０１２年に行われた平山祐一郎氏による調査では、33・6％から40・1％へとどんどん増加しています[5]。

勉強してこなかった自慢のおじさんは、授業をさぼっていたかもしれませんが、読書をして仲間と議論をしていたのかもしれません。このような意図的に設計されない学習環境は、**「隠されたカリキュラム」**と呼ばれています。

私は、2020年度、採用担当者向けの質問票調査を実施し[6]、「文章力についての考え」を自由記述で質問しました[7]。回答の中にも文章力を高く評価する（つまり学生に文章力がないことを嘆く）人は多いです。

文章力全般について質問したので、もちろん、手紙やメールの書き方のような「社会常識としての文章力」がないことを指摘する人はいます。次のような意見は、多くのエントリーシートを読んできた採用担当者だからこその厳しい意見、とも言えます。

「最低限のビジネス文書が書ける程度でよい。学生のESの添削も行うが、日本語が正しく書けない子も散見する」。

「話し言葉と文章言葉が異なることを正しく理解し、とっさに出る言葉が正しい日本語となるように学生時代に身に付けるといいと思います」。

「学生さんの間では、普段のコミュニケーションで短い言葉でのやり取りが増えたのか、『主語』がない文章や言葉足らずの文章が目立ちます」。

ただしそれだけではなく、先述したような「学ぶ力」が将来の職業能力をつくるという事実を的確に指摘する意見も多くありました（太字は引用者）。これらの二つの意見群は、決して矛盾しているのではなく、前者は文章力の前提条件であり、それに加えて、後者のような高度な文章力が求められているのでしょう。

「大学においては、自らの考えを論理的にわかりやすく表現する能力を養成していただきたい。参考文献の要約やコピーとペーストでは、**思考力と独創性が養われない。**さらには、具体的な行動を起こすこともできない。中小企業が永続的に発展するためには、弛（たゆ）まぬ現状改革が必要である。そのためには、問題解決策を論理的に文章化する能力が求められている。大学生には、**読書と併せて文章を書く習慣を身に付けていただきたい。そうした地道な習慣が、職業人としての能力向上につながる**と考えているからである」。

「専門書を読み解読する力は、**将来に向けて社会人としての大きな力となる**ため、文章力があること、また、それを磨くことは重要なことと考える」。

「自分の考えを伝わりやすく**簡潔にまとめる力、体系的に物事をとらえて表現する力**が必要だと思う」。

言葉の力の壁がキャリアの壁になる時

ところで、「文章力」の格差は、目の前の仕事に取り組めばよいだけの若手時代には、なかなか顕在化しないことも確かです。

アルバイト以外の仕事経験がない大学生には、遠い話なので、私や人事担当者が説明しても、なかなか納得してもらえないかもしれません。だからこそ、言葉の力より、キラキラした専門・業界知識に目が行ってしまうのかもしれません。

これまで私は、多くの社会人の職業人生について取材をしてきましたので、たくさんの言葉の力の壁（キャリアの壁）の存在に気づくことができました。彼ら彼女らへの取材から、さまざまな人の具体的な経験を再編集した「架空の物語」を以下に紹介したいと思います。

システムエンジニアのAさんは、30代になって自分が初めてチームリーダーになった時に、仕事に限界を感じたそうです。専門学校でITスキルを身に付けたAさんは、ホームページの制作の作業を担当し、仕事が速いとか、丁寧だという評価を受けていました。この時点まで、自分の仕事に自信があったわけです。

しかし30代になってリーダーになると、顧客との打ち合わせの時に自分が一番年上で責任者という場面が増えてきました。ここで話し合われるのは、ホームページの「作り方・作業手順」ではなく、その前の「企画案」です。

例えば中華料理店のホームページならば、安いことをウリにするのか、料理の味がウリなのか、その味も本場をウリにするのか、日本流のアレンジをウリにするのか、それとも高級路線なのか。

お店の特徴をつかんで、ホームページのコンセプトを考えなければなりません。デザインも、お店の経営者の要望もあれば、その店のお客さんの好みも予測してそれも反映させなければなりません。

「そういえば、『キングダム』という古代中国のマンガが流行っているけど」

とか、「美食と言えば、香港ですよね」、「今、庶民料理がウケている」、「この前、デパ地下の焼売店がよかった」とか、関わっているスタッフからもさまざまな思いつきが集まります。そのたくさんの具体例の中から、一つの統一された企画イメージを作り上げるためには言葉の抽象化能力が必要なのです。

Aさんは、抽象化という言葉は使いませんでしたが、「依頼者の業種も毎回違う状況で、自分の知識の幅が狭く感じられて、みんなの話に入っていけない」と悩んでいました。Aさんのように仕事経験のある30代の人から、「先生、大学ではどのようなことを学ぶのですか」という質問があった時、私は多様な「経験を言葉にする力」の重要性を再確認しました。

社会人入学で大学生になったBさんは、「私は女性だけど、管理職になるには、『三国志』が読めなければならない」と語りました。

私は、最初何のことを言っているのかわからなかったのですが、彼女は、年上の管理職の男性たちが、三国志の主人公を例にあげて「彼にはリーダーシップがある」とか、「劉備タイプだ」とか、「孫権タイプだ」とかいう話を聞いたことがあるそうです。三国志は男性が好きな読み物というだけなので、「読まなくても大丈夫ですよ」と私は言いましたが、彼女が言わんとしている悩みが、なんとなくわかった気がしたのです。

リーダーシップは「見える物」ではありません。一つひとつの行動でもなく、その行動を生み出す価値観やスキルを束ねたものと言えます。

例えば魚屋で魚を選ぶように、美味いか不味いかを判断しているわけではない。その中身は極めて抽象的です。先ほど演繹的思考と帰納的思考の「行ったり来たり」が重要だと言いましたが、三国志の会話というのは、物語というリソースを使って、リーダーシップの有り無しやタイプを「行ったり来たり」しながら議論しているのです。三国志の登場人物と実際の同僚を並べて同じ部分と違う部分を探していると言えるでしょう。

三国志は男性の趣味や嗜好が強いものなので、私は誰にでもおすすめはしません。でもMBAという多くの企業人が通う経営学修士課程では、具体的なビジネスリーダーの事例（ケーススタディと言います）が集められ、それを基に議論がされています。私は彼女にこちらを読むことをおすすめしました。

三人称で考えられますか？

文章力は、言葉を使った「内省」や「抽象化」であるとして、では学生たちは、どのようにそれを鍛えればよいのでしょうか。まずあげられるのは、経験→言葉の道で楽をしないことではないでしょうか。

文章力が伸びない最大の原因は、小中高で行われてきた読書感想文の問題が大きいです。読書感想文が文章力養成に役立たない理由は、感想文にはテンプレートがあって、それに押し込むことで「何も考えずに」文章が完成してしまうからです。

中国語を中心とした文体論などが専門で国語教師の経験もある橋本陽介氏

は、『使える！「国語」の考え方』（ちくま新書）の中で、読書感想文は道徳的読みが支配的であるという問題点を指摘しています。道徳的読みとは、学校空間では、小説や論説の中からなんらかの教訓を読み取ることが目的とされてしまうことを意味します。読書感想文の中には、「～しなければならないと感じた」、「これから～していこうと思った」「～してはいけないのだと思った」のように、小説文を読んで自分がすべき行動、してはならない行動が書かれるのがテンプレートになっているのです。

橋本氏は、高校1年生の授業で『古事記』（現代語訳）を読書感想文の課題として課したところ、「～してはいけないと思った」とか「日本の大切な古典である古事記を今このタイミングで読めてよかった」というコメントを書いてくる生徒がいたそうです。

私が考える社会で評価される文章力とは、自分（一人称）はもちろんですが、彼・彼女（三人称）についても文章化できる能力です。

重松清さんという小説家がいます。たくさんの小説を書いているので、読んだことがある人がいるかもしれません。この方が、「課外授業 ようこそ先輩」（NHK）という昔のテレビ番組で母校の小学生に小説を書かせるという授業をしていました[8]。重松さんは、まず小学生に嫌いなものをあげさせます。例えばゴキブリが嫌いとか、ピーマンが嫌いとかですね。その後で、今度はゴキブリが好きな人、ピーマンが好きな人の気持ちになって、なぜ好きかを書かせるのです。

私はこの授業を知って、小説に限ったことではなく、全ての文章力の養成にとって有効な方法であると思いました。

小説を書くということは、一人の小説家が複数の登場人物の内面を書き分けなければなりません。そうでなければ、登場人物が全て「自分（の分身）」になってしまう。そんな小説は破綻しています。

そんな自分とは正反対かもしれない「他者」の内面世界を、想像力を使って理解し、その理解した内面を、文章を使って読者という「他者」に伝えようとする行為が文章を書くことなのです。

重松氏は、現在の文章教育の問題を鋭く、次のように指摘します。

「ぼくが最近の小学生に対して思うのは、自分をアピールするためにしゃべったり書いたりするのはけっこううまいと思う。だけど自分以外の人の気持ちを考えたり、その人の目線で考えたりするのも、やっぱり言葉で考えているはずなんだけど、それに関する機能をあまり使っていない気がする」。

本当は「自分という存在」も、自分でよく観察しないとよくわからないものです。私小説というジャンルもありますが、これも、正確には作者の「私」が、小説の中の「私」を観察して書いているのです。そしてこの自己観察は、先ほど説明した経験学習の理論では内省／抽象化を意味します。

どうでしょうか。みなさんが思っているよりも、文章力というのは、職業人生と繋がっていると思いませんか。

初ライブ＝就職活動に向けて

ここまで私は、文章力について書いてきましたが、「表現」という言葉をあえて使わないようにしてきました。

その理由は、「表現」と書いてしまうと、その意味が、「自分の表現」というように矮小化されてしまうからです。つまり、多くの学生には、自分の気持ちを「そのままの形」で伝えることが一番の「表現」だと考えてしまう誤解があるからです。

自分の、ましてや他人の、気持ちや気分、思い、考え、価値観という内面世界の経験を簡単に言葉に置き換えることはとても難しい。ですから、よく考えずに安易に「教訓テンプレート」に落とし込んでしまう。もしくは自分の気持ちだけ先走ってしまったりするのです。

お決まりの文章でその場を素通りする前に、ちょっと待ってください。ESを書こうとしているあなたの前には採用担当者という読者がいます。これまで皆さんは、読書感想文やレポートを先生に向けて書いていました。先生は、文章が不十分でも生徒が言いたいことを想像してくれる優しい人かもしれないし、文章の答え（＝教訓）を持っている人かもしれません。ところが、文章を書くことが道徳的な答えを探すゲームになってしまったら、文章の魅力は失われてしまうのです。皆さんは、教訓のテンプレートの文章を読みたいですか。

皆さんは、読者を見なければなりません。たとえていえば、バンドが初ライブで演奏を披露するような気分になるべきでしょう。**あなたの前には、「他者」という客がいる。その客に向けて自分の内省／抽象化の結果として文章を魅力的に伝える。**これが本当の「表現力」なのです。

普段気楽に過ごすことができている学校の空間とは異なり、かなりの緊張感がありますが、その繰り返しの努力が、あなたの文章力を高めるのです。

すなわち、エントリーシートは、採用担当者というお客に向けた初ライブなのです。そう考えると、就職活動自体が、自らの文章力を高めるチャンスとも思えてきます。

内定をもらうことは、皆さんのゴールではなく通過点であり、職業キャリアのスタートラインなのです。今、ES経験を未来の職業キャリアに向けて生かそうとしている学生、その試行錯誤を企業人は、本気で見てくれています。

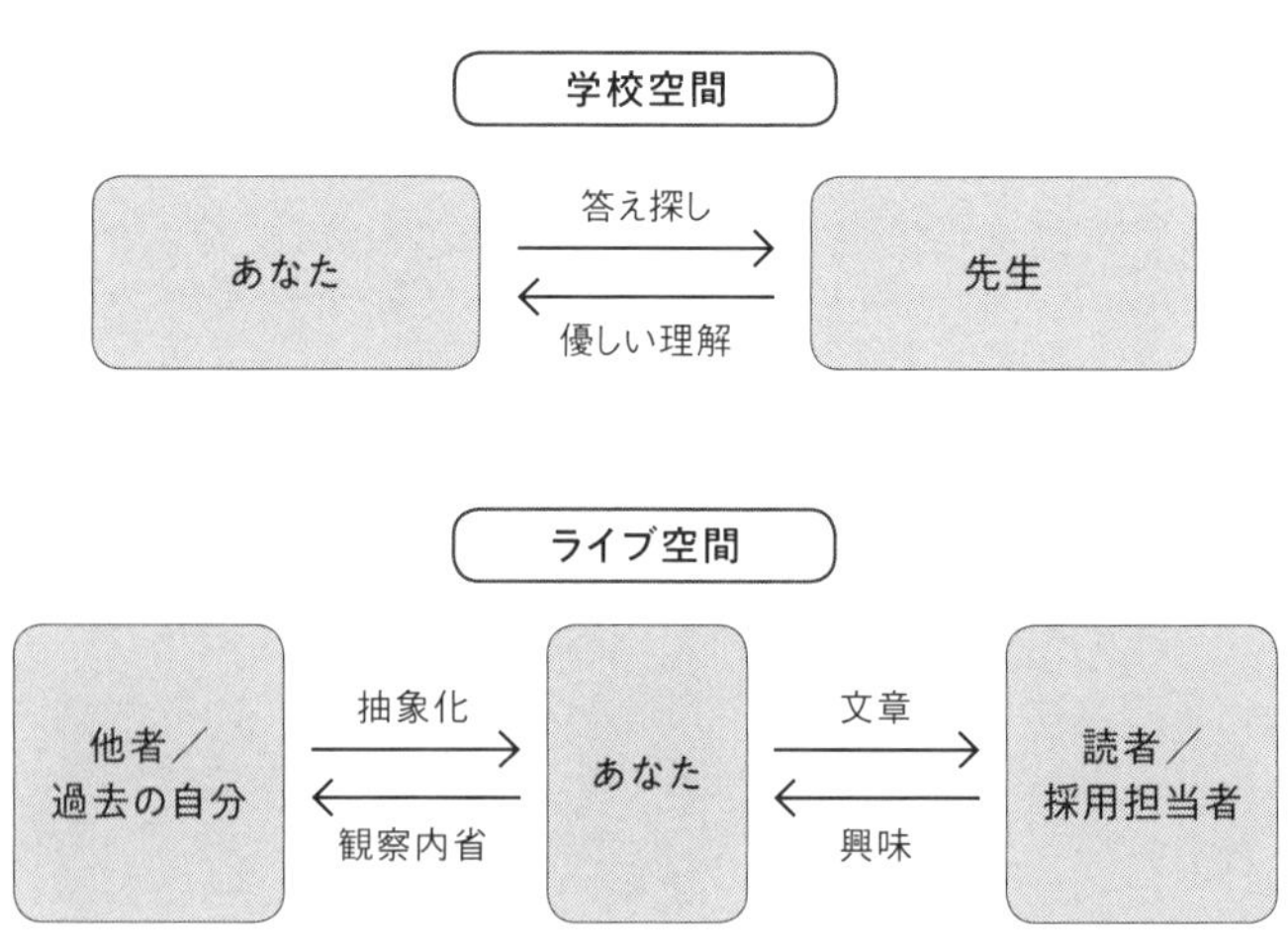

1　Kolb,D.A.(1984)Experiential Learning: Experience as the Source of Learning and Development, New Jersey:Prentice-Hall

2　鳥飼玖美子・苅谷夏子・苅谷剛彦『ことばの教育を問いなおす－国語・英語の現在と未来』（ちくま新書）

3　矢野眞和（2009）「教育と労働と社会―教育効果の視点から」『日本労働研究雑誌』No.588.

4　梅崎修（2015）「迂回投資としての大学教育：企業内 O.J.T. の観点から（大学と職業教育）」『IDE 現代の高等教育』（570）pp.11-15

5　平山祐一郎（2015）「大学生の読書の変化－2006 年調査と 2012 年調査の比較より」『読書科学』56（2）, 55-64 に基づく。2006 年調査は,東北・関東・中国地方の 5 大学・1 短期大学の大学生 1184 名, 2012 年調査は, 北海道・東北・関東・東海・関西・中国・沖縄の 11 大学の大学生 2169 名であった。

6　株式会社マイナビとの産学連携の全国企業調査（WEB）（回答企業数 975 社）。

7　「大学において身に付けるべき、職業人として必要となる『文章力』について、あなたのお考えを教えてください。」

8　重松清（2002）『見よう、聞こう、書こう』（KTC 中央出版）

CHAPTER 5

なぜ学生は文章（ES）を書くのが苦手なのか

神山典士

２０２０年度の学生（21年3月卒業）たちの就職活動は、３年時の３月に情報解禁、４年時の６月に選考開始と決まっていました。しかしコロナウイルスの感染拡大の影響でリモートでの面接等が中心となり、就活生も採用側も戸惑いが見られる状況が続いています。

本来なら夏場はオリンピックやパラリンピックが開催されるはずだったため、企業は前倒しの作業を行っていましたが、コロナ禍では「採用活動は長引く」と言われるようになりました。

２０２１年度の学生（22年3月卒業）の就職活動においても、同じ傾向が見られることが予測されています。

その中で、むしろ採用側が「じっくりと時間をかけて見るようになった」と言われるのがＥＳです。なぜならリモートでの面接が主流になったことで時間的に余裕ができたことと、学生とリアルに触れ合えるのがＥＳに限られるという切迫感が出てきたからです。

また実際の職場でも、リモートワークが一般的になったことで、以前のようにノンバーバルな、言語を介在させずに雰囲気で人をリードするようなコミュニケーションもできにくくなっています。つまりリモートの仕事の場で必要なのは、「大切な仕事のポイントをしっかりと言語化できる能力」であり、「人の心に火をつけられる表現力」なのです。

だから文章力は、就職活動のＥＳを書くためだけに学ぶものではなくなりました。その先一生続くキャリア形成の場での「武器」になるように、この時期にしっかりと学ぶべきものです。

この章からは、具体的に就活生が書いてくれた文章をもとに、より実践的な「ＥＳの書き方」を見ていきたいと思います。

1

なぜこんな文章しか書けないのか？

ES課題のビフォーアフターで見る「よいES、悪いES」例

最初に提示するのは、梅崎ゼミのとある女子大生が3年時の春に書いてくれたES、テーマは「私の成長」です。

私の成長

私はテニスサークルで日々練習に参加する中で練習の参加率を上げるためには学祭がいい機会であると考え、学祭責任者に進んで取り組みました。具体的に申しますと、4学年合わせると100人の大所帯で、去年は学祭に参加しませんでした。その原因は、学祭の必要性や後輩の立場にとっては行きづらいことに気付きました。

そこで、学祭の売り上げによって週1回の練習が週に2回に出来る必要性を共有しました。「みんないるから一人居なくなっても変わらなくない？」と言われた意見に対しては、「あ

なたの社交的な部分が学祭で必ず売り上げに反映できるし、サークルに力を貸して欲しい」と気持ちを切り替えさせるよう心がけました。

　すると学祭当日はチームの9割の方に参加して頂け、「みんなで力を合わせて利益を上げることに達成感が感じられた」と肯定的な意見を得ることが出来ました。売上は予想の1.5倍に増え、半年分のコート代を稼ぐことが出来ました。

　この経験から相手の気持ちを大切にし、行動することが結果につながると学びました。私は、就職したら社内の人、取引先の人、今後関わってくる相手の立場に立って行動していきます。


文章の内容に見るように、この学生はサークル活動も活発に行い、ゼミの成績も優秀でした。実をいえば、就活でも積極的に自分を売り込み、その後早い段階で（4年時の5月）、見事に希望の企業の内々定を得ています。

ところが就活初期のこのESの文章を見ると、なんとも残念な作品という以外ありません。

そこには後述するような理由があるのですが、いずれにしても彼女はここからスタートして文章力を磨き、なんとか採用をつかみ取ったのです。

後述するように、現在の大学生の多くは、小学校中学校時代には文章術の教育を受けていません。文部科学省の国語のカリキュラムから「作文」の単元が消えてもう20年以上になるからです。もちろん中学受験や高校受験のために、付け焼き刃的に「小論文の書き方を学んだ」というケースもありますが、それは本質的な母語の文章術とは言えません。つまりほぼ全員が自己流で文章を書いているのです。

そう考えれば、大学生になって学べば学ぶだけ文章力は上達します。ベースがゼロなのですから、加点するのみです。誰でも集中して文章力を磨けば、必ずその成果はついてくるのです。

多くの学生が文書を書き慣れていないだけで、そのコツさえつかめば誰でも一定のレベルの文章を書くことができます。

ぜひ、その文章術のコツをここで会得してください。

文章の欠点はどこにあるのでしょうか？

みなさんは、先のＥＳ、「私の成長」を読んでその欠陥がわかりますか？

それが指摘できる人は、まずまずの文章力です。欠点を指摘できないようでは、自分の文章力も大いに怪しいと思ってください。

私はこの文章を、前章でコメントを寄せてくれたプロの人事部長、高橋実さんに読んでもらいました。印象を尋ねると、次の言葉が返ってきました。

「この学生はすごく積極的で、サークルでもリーダーシップを発揮していますす。企業としては、ほしい人材だと思います。

けれど文章を見ると言葉の重複やよじれ、変な敬語の使い方などが目に付きます。採用担当として見ると実にもったいないですね。

たとえば同じレベルの学生とどちらかを選ぶという状況になったら、ＥＳの差で落とされることも十分に考えられます。この辺りの文章力が上がれば、間違いなく採用に繋がるはずです」。

では実際にどこがマイナスポイントになっているのか、一つひとつ欠陥を見ていきましょう。

・言葉の重複

一文の中で「練習」「参加」という言葉がダブって使われています。一文の中では同じ言葉を二回以上使わないのが原則です。

・目的語の欠如

「学祭責任者になって〇〇〇〇に進んで取り組みました」となるべきなのに、〇〇〇がありません。目的語の欠如です。

・敬語の使い方に注意

通常、読者に向かって「申す」は使いません。サークル仲間に対して「参加していただけ」とも言いません。読み手が採用担当者だからと意識してしまい、敬語の使い方がばらばらになっています。必要以上の謙譲語や丁寧語の使用は、却って幼さを強調してしまいます。

・言葉足らず

「学祭の必要性や後輩の立場にとっては行きづらい～」。二つの文章が一文に合体しているため、文章の係り受けがずれていて、表現が稚拙になってしまっています。

・言葉の選び方に注意

この場合は「必要性」よりも「可能性」のほうが相応しいです。

・一番感動的な部分を「映像が見えるように」書くと効果的

この文章で最も感動的なのは、学祭を通して仲間の意識が変わったこと。そこを冒頭に持ってきて、「映像が見えるように」書くと印象的になります。

例えば、私は次のように添削してみました。

「みんなで力を合わせて利益をあげることに達成感が感じられたよ」。学祭終了後、一人の仲間がそう言って喜んでくれました。売り上げも予想の1・5倍に。成果のきっかけは、学祭前のこと。サークルの練習の参加率をあげるためには学祭行事に参加するのがいいと考え、責任者に立候補したことでした。

このように「会話体」を使うと文章が生き生きとして、そのシーンが映像として見えてきます。説明ではなく「映像」で描くようにしましょう。

次に、採用担当者に評価されるESの具体的な書き方を考えてみましょう。

2

キムタクにならって、自分の言葉で書いてみる

キムタクの答えに学ぶ採用担当者に評価されるESとは？

1、2章でも担当者の言葉として紹介しましたが、人事採用担当者に評価されるESとは「べき論や理想論」よりも「自分自身の体験を自分自身の言葉で書かれている」文章です。

例えば「はじめに」でも例としてあげましたが、かつてデビュー間もない木村拓哉さん（当時はSMAP）は、コメディアンの萩本欽一さんのオーディションを受けたことがあります。今から約30年前のことです。

その時、萩本さんから「好きな食べ物は？」という、とてもオーソドックスな質問が応募者に出されました。

応募者は思い思いに好きな食べ物を言ったのですが、その時の木村さんの答えは、「お母さんのお稲荷さん」。そう答えて合格したそうです。

しかも萩本さんは、「素晴らしい、この子はスターの匂いがする」との「激賞付き」だったとか。後のＳＭＡＰとキムタクの大ブレイクを、萩本さんはこの返答一つで言い当てていたのです。

この時、他の応募者は、「オムレツ」や「カレー」と答えて不合格となりました。キムタクの答えはまず「お稲荷さん」という意外性がよく、さらに「お母さんの～」という「自分の」思いが籠もっているのがいいと、萩本さんは評価したのです。

「お母さんの」と付け加えるだけで、遠足や運動会の日の朝、お母さんが台所で、子どもたちや家族のためにお稲荷さんを作っているシーンが「映像」で浮かんできます。この映像がよい意味で、キムタクのイメージを裏切っています。

同じことが就活生にも求められています。どんな小さな表現でも、自分の言葉で、自分のオリジナルな考えや思いを書く。それが最初のポイントです。他にもいくつかポイントがあるので、順番に見ていきましょう。

・お寿司のように書く

子どもたちに作文の書き方を教えるときに、私はよく「お寿司を食べるように書いてね」といいます。その心は「一番食べたいものから書く（食べる）」ということです。

そういうと最近の子どもは「最初に回ってきたものから食べる」などと、なんとも味気ない答えを返してきたりしますが、大人でも子どもでも「一番感動したこと（印象的なこと）から書く」ことが、作品の魅力を引き出す必須のセオリーなのです。

・映像（シーン）が見えるように書く

人気番組「プレバト」（TBS毎日放送系列）の俳句の夏井いつき先生は、しばしば「映像が見えるように表現して」と指導しています。そして芸能人の俳句に彼女の指導の手が入ると、作品の表情が一変します。その快感があの番組の高視聴率を支えていると言ってもいいと思います。

ESも同じです。「説明」ではなく「シーンで描く」こと。

たとえば「その時、私は友だちを励ましました」と書くよりも、「私の言葉に対してAさんは『ありがとう、もう一度頑張ってみる』と真剣な表情で語ってくれました」と書いた方が、読者に映像が見えてきて臨場感がありますす。当然採用担当者の印象にも残るし、高評価となります。

・なるべく短文で書く

しかもESに書く文章は、「なるべく短文がいい」のです。これはどんなに文章を書き慣れた人でも鉄則といっていいでしょう。「20文字×20行」の原稿用紙で換算して一文が3行以上になるようなら、必ず句点「。」で区切って二つに分けてください。

ことに日本語は、「～が～～」と「が」で繋げると、だらだらと長くなる性質があります。「今日は雨だったが、私は野球が見たかったので出かけようとしていたのだが、母が『やめておきなさい』といったので外出は控えようと思ったのだが～、その時父がちょうど帰って来て～」という具合です。「が」は本来「A but B」という構文を形成する助詞ですが、「A and B」という使い方もできるために、混同しがちです。長いなと思ったら、「。」ですぱっと区切る。短文を畳みかけるように書く。これが文章の印象をよくする大きなポイントです。

空白も改行も表現

最近は誰もがＰＣを使って作文を書くために、原稿用紙の使い方を知っている学生は少なくなりました。一行あたり何文字書くかという「文字詰め」も、ワードなどのソフトの設定一つで自由自在に変わります。

文字数の制限も、昔は「原稿用紙何枚」という規定だったのですが、最近はＰＣが主流になってきたせいか、〇〇文字という規定が増えてきました。ところがこの二つは微妙にカウント方法が異なるのをご存じですか？

ＰＣが表示するのは、「空欄を除いた純粋に書いた文字の数」です。ところが本来の原稿は、マスの空白も一行あけも「表現」ですから、書いた文字だけを数えればいいというわけではありません。あえて一行空白を入れることで文章の余韻を表現したり、改行を繰り返すことでリズムを出したたり。時には文字を書くよりも、空白の一行が「雄弁」だったりもします。そんな表現の「面白さ」が、ＰＣカウント方式では無視されてしまいます。

・語尾に思いを籠める

「～したいと思います」、「～だと言われています」と書くよりも、「～です」、「～になります」、と断定調で書いた方が、読者には「決意」が伝わります。

ことにＥＳのように「筆者の意志」を明確に伝えたい文章の場合は、語尾を濁らせないことです。「～だと思います」と書くよりは「～です」と言い切るようにしましょう。

・客観的な視点を入れる

2章でも各社の人事担当者のみなさんは、ＥＳは「自分の言葉で書くこと」、「キラキラした体験よりも、挫折からどう這い上がったかのほうが読みたい」、という発言をされていました。

例えば、人材サービス企業モザイクワークの高橋さんは、自身の高校時代の体験をもとに、こう語ります。

「私は高校時代、野球部のキャプテンでした。ところが3年生の最後の大会には部員の不祥事で出場できませんでした。それは18歳にとっては人生最大の挫折でした。でもそれをＥＳに書くなら、自分がその時にキャプテンとしての力をどう発揮したか、精神的なショックをどうリカバリーしたか、そうした過程を書けばいいのです。

自分を客観的に見る視点を持つこと。その視点を持っていることを文章で表現することがＥＳでは最も大切です」。

高橋さんが言うように、ＥＳに書くテーマとしては、海外旅行や留学、サークルでの実績等の高尚なエピソードよりも、その時の自分の「素」を描くことが大切です。

そのためには日頃から気持ちが動いた時にはメモをしたり、短文を書く癖をつけるといった「反復練習」が必要です。

3章で老舗電気メーカーのNさんからは「一人の時間には、自分の人生を振り返りモチベーショングラフを書いてみる」というアドバイスをいただきました。自分がどういう時にモチベーションがアップし、どういう時にダウンするかを知ることは、文章を書くテーマを探すときに有効です。「あなたの人生最大の失敗はなんですか？」というようなテーマに対して、どんなエピソードを表現するか？　それは自分自身を知ることでしか見つけられません。

そのやり方は人それぞれいろいろありますが、誰もが自分なりの努力をしています。日記をつけるのも文章力上達のための努力の一つです。「その日の出来事」と、「その日最も嬉しかったこと、悲しかったこと」だけをメモしておく。そういう日記でも、あとから読み返すと自分のモチベーションの上がり下がりがわかり、自分理解に役立つという人がいます。

いろいろな先達のケースを学ぶことでロールモデルを見つけ、日々文章力を磨き込んでください。

学ぶといっても「ESの例題集」等のアンチョコを読むような付け焼き刃的な勉強では、担当者の目はごまかせません。すぐに見透かされて、不合格の烙印を押されてしまいます。

まして前述した様に、コロナ時代になって、ますます文章力は社会人にとっての必須のスキルです。Nさんは入社以降、人事部長に毎日日記を書かされ、それが真っ赤になるまで添削されていたといいます。そうやって厳しく鍛えてくれる人がいればいいですが、そういう上司と出会えなければ、新入社員は恥をかきながらお客様などと対峙することになります。

就活を機に自分の棚卸しをして、さまざまな課題を自分に与えて文章力を鍛えるようにしましょう。すでに述べたように、作文やエッセイは努力さえすれば誰もが加点できるのですから、学び甲斐もあるはずです。

3

文章に関する学生の悩み、疑問点 〜なぜ学生たちは「書けない」のか？

学校教育から作文教育がなくなった

私は2020年1月に、法政大学の梅崎先生のゼミで就活生（3年生と2年生）に対して「ESの書き方講座」を二度行いました。その時参加した学生に、「文章に関する悩みと疑問」のアンケートを取りましたので、ここではそれをご報告しましょう。

アンケートとしては母集団が少ないので全国の学生の傾向とは言えないかもしれませんが、教壇に立つ私に対して全員が真摯に向き合ってくれましたので、信頼性の高いデータだと思います。

①小中学校時代、学校で「作文」はどれくらい書きましたか?（読書感想文を含む）

「長期休暇の課題として…7」
「学期に数回…6」
「月に数回…3」
「週に2、3度…1」
「毎日（日記を含む）…1」

このデータからは、この学生たちの小中学生時代、つまり2000年代に入ってからは、小中学校ではあまり作文を書かせていないことがわかります。少なくとも私が小学生時代を送った1970年代には、毎日のように文章を書かされました。

それは「生活つづり方」という、戦前からの「自分の生活の様子や心情を素直に書く」という教育が残っていたからです。この「生活つづり方」は、戦前から戦中にかけては「思想的な偏向を招く」という理由で、一時弾圧された時期もありましたが、作文教育は大切な国語教育の柱でした。

私は埼玉県入間市という町で小中学生時代を過ごしましたが、毎年必ず「つぼみ」という学年作文集が編集され（一学年８クラス、およそ３００人超の作品が掲載される）、その中の優秀作は市内全校の優秀作品が掲載される「茶の花」（入間市は狭山茶の名産地）に登場するという流れだったと記憶しています。

そうした作文教育が、実は現在ではすっかり影をひそめています。

文科省が定める「指導要領」に、「作文」という単元は平成10年（１９９８年）から削除されました。つまりもう20年以上も小学校で作文を書かせない教育が続いているのです。
今では文章を書かせる単元は「記録文」や「日記」等、極少数であり、それも観察が主体で「自分や人の心の動きを観察する」「自分自身を客観的に見る」「ありのままの生活の中に宝物を見つけ描写する」といったスキルは無視されています。

トータルで見れば、小中学校においては、もはや作文教育は絶滅寸前と言っていいのです。作文と言わずに「母語教育」と定義すれば、それが皆無という状態は世界的に見てもいかに異常かがわかると思います。

つまり大学生がＥＳを書けない、文書を書くのが苦手というのは、彼らの怠惰が原因ではありません。国の教育方針の問題ということになります。
作文教育を蔑ろにすることは国力の貧困に繋がり、ひいては民度の低下をも招きかねません。もちろん政治への関心も、在任記録が歴代最長となった前内閣総理大臣の言語能力の貧困さも、言葉で官僚を指示鼓舞するのではなくひたすら人事的権力を振りかざして「忖度」させる貧相な首相を許してしまう民度も、（言っていけばきりがありませんが）、全てこの教育方針の結果と言ってもいいでしょう。

現在、私が子ども作文教室や大人エッセイ講座を各地で開いている理由は、そこにあります。

もはや文科省が主導する学校教育には頼れない。母語の表現能力は、社会教育や自分で自覚的に学ぶしかないのです。

②作文の「書き方」について教わったことはありますか？

「ある（学校、塾を含む）…7」

「ない…9」

これもまた衝撃的なデータです。一体どこに、母語の書き方を小学校（初等教育）で教えない国があるでしょうか？　人は母語により故郷を認識し、同胞とのコミュニケーションをとります。

「人はその国に生まれたからその国の人になるのではない。母語を学ぶことによってそれになるのだ」とは、ヨーロッパで語られている格言です。

ちなみにフランスでは、国語の文法が難しいという自覚があるために、小学校1年時には徹底的に文法（動詞の変化等）を教え、一定のレベルに達しないと「落第」させるという厳しい制度があります。

アメリカは多民族社会であることを自覚して、小学生低学年時代から徹底的に「アメリカ人になること」、「星条旗に忠誠を誓うこと」を教えるといいます。

母語はそのための大切な要素です。仮に移民の子で英語が貧弱でも、徹底的に鍛えられ、表現力を身に付けます。

それに比べると日本の母語教育はどうでしょうか？　単一民族（に近い）国家ということからか、「日本人になる」教育が徹底しているとはとても言えません。まして母語の書き方を教わっていないと答える学生が半分以上いるとは驚きです。

ですから大学生が文章を書けないのは、ある意味で「必然」でもあるのです。

③小中学校時代、学校で「報告文」や「日記」を書いたり学んだりしたことはありますか？

「ある、小中学校時代に毎日日記を書かされた…13」

「ない…5」

このように、日記を書くという教えは比較的多くの学生が経験しています。

指導要領に日記の項目が残っているからでしょう。

けれど日記とは「自分に書くもの」。広範な他者を対象とする作文とはおのずと書き方が異なります。

また現在の小中学校では、「日記」教育も難しくなっているといいます。その理由は、「個人情報の取り扱いにセンシティブになっているから」。2019年に東京で開かれた「作文の会全国大会」で、そう教えてくれる先生がいらっしゃいました。これも驚きです。日記を書かせると、その子どもの生活状況がわかってしまうので、リアルな日記は書かせられないというのです。

同様に「学級通信」を出そうにも、個人情報に抵触していないか、副校長（教頭）の許可がいると言う先生もいました。

ちなみに2003年に成立した「個人情報保護法」の対象は、「個人情報をデータベース等で所持し事業に用いている事業者を個人情報取扱事業者」

として「適切な対処を行わなかった場合は事業者に対して刑事罰が科せられる」と規定されています。

もちろん学校は「個人情報取扱事業者」には当てはまりません。それなのに、個人情報が「都市伝説化」し、少しでもプライバシーが露出しそうになると「集団ヒステリー」が起きます。さらにPTA名簿や学級名簿をつくることにも反対者がでたりと、事態はエスカレートしています。

全くもってナンセンスです。

ちなみに前出の「作文の会」というのは、「生活つづり方教育」の伝統を残した小中学校の先生方の集まる研究集会です。私は教員ではありませんが、2017年の福島大会から参加しています。

例年言われているのは「現役の先生の参加の減少」です。つまり集まっているのはかつて教員だったOBOGの方がメインになりつつあり、分科会などに現役の先生方が参加されると、とたんにちやほやされます。

それほど学校現場では、「作文、つづり方教育」は蔑ろにされていて、教える教師がいないのが現状です。

しかも一方では、前述した個人情報縛りもあります。先生方は、たとえ自分では作文教育に熱意を持っていても、現実的にはそこまで手が回らない。やろうとしても監視の目が厳しい。悲しいかなそれが今日の公教育の現状なのです。

ならば社会教育がそれを補うしかありません。それが自然な流れです。

④今回ESを書くにあたって、どんな点に苦労しましたか？

「書くテーマを見つけるのに苦労した…9」

「文章がなかなか浮かんでこない…5」

「書き方がわからない…6」

今回学生たちに与えたのは「自分の成長」、「10年後の自分の姿」というテーマでした。つまり社会課題や社会常識を問うものではありませんから、日頃の勉強の量と質が問われたり、学びの専門領域が関係するテーマではありません。自分自身を見つめ考えをまとめれば書けるものです。

それでも「テーマを見つけるのに苦労した」、「文章がなかなか浮かんでこない」というのは、日頃から自分を見つめる視点を持っていない、自分の将来像をイメージしたことがない、あるいは書く（表現する）「テーマ」というもの自体と向き合ったことがない、という理由が考えられます。

一言で言えばそれは、「書く癖がついていない＝母語による文章表現の基礎ができていない」ということです。

さらにこの問題の本質は、大学までの教育課程において書く技術だけでなく、書くための「視点」を教えられていない、ということです。

自分自身の心の動きを書くという課題を与えなければ、自分自身を客観的に観察するという訓練はなされません。生活をありのままに書くという機会を与えられなければ、物事を客観的に見る、あるいは生活の細部の変化を注意して見る、という訓練も行われません。

これでは成長して言葉は使えても、文章を書く技術は発揮できません。つまり「テーマが見つからない」、「文章が浮かばない」若者になってしまうのです。

そんな状態では、採用担当者を納得させるESなど書けるわけがありません。でも、だからと言って開き直ってはいけません。次の章では細かい具体例をあげていきますので、一緒に文章鍛錬をしていきましょう。

CHAPTER 6

実践編・
採用を勝ち取るための
ESの修正箇所を
教えます!

神山典士

みなさんはこの曲をご存じですか？

『未来予想図Ⅱ』

卒業してから　もう3度目の春
あいかわらず　そばにある　同じ笑顔
あの頃　バイクで飛ばした　家までの道
今はルーフからの星を見ながら走ってる
私を降ろした後　角をまがるまで見送ると
いつもブレーキランプ5回点滅
ア・イ・シ・テ・ル　のサイン
きっと何年たっても　こうして　かわらぬ気持ちで
過ごしてゆけるのね　あなたとだから
ずっと心に描く　未来予想図は
ほら　思ったとうりに　かなえられてく

きっと何年たっても　こうしてかわらぬ思いを
持っていられるのも　あなたとだから
ずっと心に描く　未来予想図は
ほら　思ったとおりに　かなえられてく

今の大学生世代には少し古いかもしれませんが、ご存じ、ドリカム（ドリームズ・カム・トゥルー）の名曲です。大学生でも、カラオケ等で歌ったことがある人は少なくないはず。

私はこの曲からテーマをもらい、梅崎先生のゼミでの「ESの書き方」の講座の際に、みなさんに「30歳の未来予想図」をテーマにESを想定した文章を書いてもらいました。

この章では、ドリカムの名曲と学生のES作品とを比べてみることで、採用担当者に印象深い文章を書くコツを解説したいと思います。

1

ドリカム『未来予想図Ⅱ』に学ぶESの極意

実際の作文例を見てみよう

就活生が書いた文章とドリカムの名曲と、どこが違うのか？
違うことで読者の印象はどう変わるか？
あなたが人事担当者だったら、どんなESを書く学生を採りたいか？
採用担当者は文章から何を読み取ろうとするか？

梅崎ゼミの就活生8人の作品を俎上にあげてみますので、『未来予想図Ⅱ』と対比しながら考えてみてください。

それぞれの作品の冒頭4～5行のみを掲載しています。なぜなら、文章術の観点から、冒頭の3～5行の表現を工夫するというのは、大前提となるからです。文章の冒頭とは、読み手にとっての第一印象を大きく左右するものですから、冒頭が作品の一番の肝とも言えるでしょう。

まずは以下の文章を読んでみてください。

A「私が理想だと思う30歳は、綺麗なお嫁さんをもらい、嫁と息子、娘に囲まれた幸せな家庭を築くことです。（中略）そのためにはまず、自分を磨かなければならないと思います。30歳の私は磨けていますか？」

B「私は30歳になった時、母親になっていたい。なぜなら、私には結婚して子育てをして家庭を築きたいという漠然とした夢がある。正直、30歳になった自分の姿は想像もつかないが、母親が私を産んだのが29歳の時であるため、なんとなく私自身もそのくらいの歳には母親のようになっていたいと考えた」。

C「30歳になったときには、自分の家庭を持っていたいです。仕事をしながら、休日は子どもと遊び、家庭での時間を少しでも多くとりたいです。だから と言って、仕事は二の次などと思っているわけではありません。社会人として自分の仕事に誇りを持ちながら、家庭や自分の時間も大切にできるよう、ワークライフ・バランスを重視した働き方をしたいです」。

D「私は30歳になった時、仕事と家事そして育児の両立ができている女性になりたい。まず、大まかに20代後半で結婚し、30歳になる前に子どもを一人授かりたい。そして、30歳の時点で時短勤務制度を使い、働くママになりたい」。

E「私は30歳になった時に、仕事と家庭の二つの環境において人を育てることができる人になっていたいです。なぜなら、今現在は自分が楽しく生きることに精一杯なので、将来は誰かの役に立って幸せを与えられるようになりたいからです」。

F「私が30歳になった時の理想の姿は、仕事と家庭で毎日有意義に過ごしているような姿である。仕事は千代田区か港区にある大企業の会社に勤めていて人並みに結構多い仕事量だが自分のやりたい仕事ができてると思うので、忙しくて大変だと思うが続けているのかなと思う」。

G「生きていますか。生きていてよかったと思えていますか。30歳になった時、『30年生きて良かった。これからの未来も楽しみだ』と思える人になりたいです」。

H「『将来の夢は何?』『大人になったら何になりたい?』この手の質問は小さい頃から何回もされてきた。小さい頃は『プロ野球選手』と即答できていたのに、今では言葉に詰まる。今まで両親が仕事へ向かう姿を見ていたはずなのに、働くということが自分にとって何なのか、どのような人になりたいのかわからない」。

いかがでしたでしょうか。

ドリカムの歌詞との対比の中で、就活用の文章の書き方について、チェックポイントをあげてみたいと思います。

Point❶ 誰に対し、何のために書いているか明確に

文章を書き始めるときの最初の作業は、「読者を想定してみること」です。ESの場合は人事部の担当者が最初の読者であり、採用活動が進んでいった場合は、経営幹部や経営者もそれを読むことになります。

そのプロセスを想定したとき、彼ら彼女らは一体何を求めてESを読むのかが問題です。それがイメージできれば、就活生は何をアピールすればいいのかが見えてきます。

例えば文章から「意志の強さ」が感じられる学生と、「意志が弱そうだな」と思ってしまう学生では、どちらが選ばれると思いますか？

それは間違いなく「意志の強い学生」です。

とすると、意志の強さをアピールするにはどうしたらいいと思いますか？

書く内容にもよりますが、文章術としては「語尾に力を籠める」こと。前にも書きましたが、「～ではないでしょうか」「～のように感じます」といった曖昧さが残る表現よりも、「～です」、「～だ」、「～と感じる」、「～と思う」といった断定型で書く方が「強い意志」が宿ります。

文体も、「～です」「～と思います」といったやわらかい印象の丁寧体の表現よりも、「〜だ」「〜である」という言い切り体の表現の方が力強いイメージになります。

その観点でドリカムの『未来予想図Ⅱ』を見てみましょう。

なによりも語尾に力強さが感じられるのは、「未来予想図は　ほら　思ったとうりに　かなえられてく」という歌詞です。

見事に断定型です。「未来は思った通りに叶えられていく」と言い切れるところに、この主人公の「意志の強さ」が感じられます。そしてここにこの歌の魅力が秘められています。

それに対して就活生の文章はどうでしょうか。

例えばBでは、「私は30歳になった時、母親になっていたい」。

Cでは、「家庭での時間を少しでも多くとりたいです」。

Dでも、「子どもを一人授かりたい」。

いずれも「〜です」という断定ではなく、「〜したい」という願望の表現です。同様の「〜したい」という表記は、他の作品にも見られます。

10年後の自分なんて、誰も正確には言い当てられないのですから、通常の作文でしたら願望表現の方が適切ではあるのですが、就活で問われる「意志の強さ」という点では不満が残る表現です。なぜなら語尾に曖昧な震えが感じられてしまうからです。

私は30歳で「母になっている」、「家庭の時間を多くとっている」、「子どもを一人授かった」と言い切ってしまえば、そこに「意志」が宿るのに……。惜しい! あまりにも惜しい表現です。

Point❷ 読者にインパクトを与える

AからFまでの文章の冒頭部を見比べてください。

「私が30歳になった時には～」と、全く同じ書き出しになっていることがわかります。このテーマで書かせると、6～7割の学生がこの書き出しをするのではないかと思います。

それは読者に「インパクト」を与える観点で、成功しているでしょうか？

残念ながら、同じ書き出しの文章群は、互いの文章に埋没してしまって、採用担当者の「印象に残る」作品にはなりません。

ということは、「印象に残る文章のポイント」は「冒頭3行から5行の表現を工夫する」こととなります。

5章で「お寿司のように書く」と書きましたが、一番書きたいこと、表現したいことから書くこと。その方がはるかに読者にインパクトを与えます。

その意味では、Gの作品、「生きていますか。生きていてよかったと思えていますか」と問いかける書き方は、インパクトという点では優れています。あるいはHの、「『将来の夢は何？』『大人になったら何になりたい？』この手の質問は小さい頃から何回もされてきた。小さい頃は『プロ野球選手』と即答できていたのに、今では言葉に詰まる。」という書き方。

この書き出しも独特ですし、この学生でなければ書けない「自分の体験」になっています。「言葉に詰まる」という表現からは、自分自身の弱点をさらけ出しそうな雰囲気があります。やたらポジティブな作品よりも、「自分の素をさらけ出す作品を読みたい」という採用担当者の思いに応える作品になっています。

Point❸ 説明ではなく「映像」が見えるように書く

「映像」というポイントでは、さすがにヒットメーカーの吉田美和さんの筆は冴えています。

「角をまがるまで見送ると　いつもブレーキランプ5回点滅」という歌詞に注目してみましょう。

この歌詞のシチュエーションでは、その日一日デートしていたわけですからいろいろと書きたいことはあったでしょうが、あえて別れのシーンをもってきています。

しかも「角をまがるまで見送ると」と場所を指定し、「ブレーキランプ5回点滅」と具体的なシーンを描いています。

みなさんは、このように「シーン＝情景」が描けるでしょうか？

別の観点からすれば、「日常的にこのシーンを印象的と思う感性」がポイント。ESでは、そこが問われます。

その観点で学生たちの作品を見てみると、

「きれいなお嫁さんをもらい」、「幸せな家庭を築き」、「30歳には母親になっていたい」「家庭を持っていたい」「ワークライフ・バランスを重視した働き方をしたい」……。

いずれも「説明的」でちっとも「シーン＝情景」が見えてこない。

「昔は小泉今日子に似ていたと言われていた母親の若いころに似たきれいなお嫁さん」とか、「庭では子どもと愛犬がじゃれあい、リビングでは温かい暖炉の火が灯る幸せな家庭」とか、説明ではなく「シーン」を描くように心がけてください。

Point❹ 意志の強さをアピールする

さらに吉田さんの作品では、「ブレーキランプ5回点滅」の部分にも秘密があります。

なぜなら、「ブレーキランプ5回点滅」の意味を、「ア・イ・シ・テ・ル」という表現だと言い切る「思い込み＝意志の強さ」が、作品を素晴らしいものに仕上げているからです。

ある意味で、5回の点滅は「さ・よ・う・な・ら」という別れの挨拶ともとれますし、「も・う・こ・な・い」という訣別の言葉かもしれないのです。

ところがこの主人公は、ブレーキランプで愛情たっぷりに愛を囁かれたと信じています。

その「意志の強さとプラス志向」がここに表現されています。

一方で、就活生の作品にはちっとも「意志」が感じられない表現が目に付きます。

例えば、「30歳になったときには、自分の家庭を持っていたいです。仕事をしながら、休日は子どもと遊び、家庭での時間を少しでも多くとりたいです。だからと言って、仕事は二の次などと思っているわけではありません。社会人として自分の仕事に誇りを持ちながら、家庭や自分の時間も大切にできるよう、ワークライフ・バランスを重視した働き方をしたいです」

この二つの作品を読み比べて、採用担当官だったらどちらを採ると思いますか？「意志が強そうだな」と感じる学生と、「意志が弱いな」と感じる学生だったら、間違いなく「意志が強い学生」を採るでしょう。その視点でこの二つの作品を見たら、ドリカムの「自分自身を客観視する視点」や「意志の強さ」に納得して合格点を与えるはずです。

Point❺ 自分にしか書けない体験を書く

「あの頃バイクで飛ばした家までの道　今はルーフからの星を見ながら走ってる～」ここには「自分でしか書けないエピソード」が書かれています。

すでに前の章で若き日のキムタクが語った「母がつくったお稲荷さん」のエピソードを書きました。欽ちゃんは「その表現が素晴らしい」と合格点を与えました。その観点から見て、学生たちの書いたESは合格でしょうか？

彼らの作品を見ると、「自分を磨く」、「漠然とした夢」、「自分の仕事に誇りを持ちながら」、「家事と育児の両立」、「誰かの役に立って幸せを与えられるように」といった、誰でも書ける当たり前の言葉が並んでいるだけです。

これでは採用担当官の印象に残るESにはなりません。

そんな中、唯一、やたら意志の強い作品に出会いました。

「30歳の私は、憧れの芸能人達と一緒に仕事をしています。入社当初は、周りとのレベルの差を感じて落ち込む毎日で、自分の滑舌や話すスピードなどに悪戦苦闘する日々でしたが、最近は、独特の言葉のセンス、アクティブな自分らしさを生かした仕事ぶりのおかげで、仕事も軌道に乗り始め、バラエティ番組の司会、音楽番組の司会などを任されるようになるまで成長することが出来ました」。

この学生の作品は、語尾は断定調でぶれていませんし、自分のビジョンもはっきりと持っています。

これは「意志」という観点では、素晴らしいESだと思います。

強いて弱点を言えば、「30歳の未来予想図」が「予定調和」になってしまい、全ていいことずくめで書いている点でしょうか。

「君はそんなに優秀な学生なのか？」「人生はそんなにうまくいくものと思っているのか？」という言葉が、採用担当者からは聞こえてきそうです。「言葉のセンス」、「アクティブな自分らしさ」といった長所のみを見ていて、自分の欠点が見えていません。もっといえば、「自分を客観視できていない」と評価されても仕方ありません。

もう少し自分の欠点を冷静に見て、「短気な性格から30歳を前に上司と喧嘩してしまったこともあるが、翌日冷静になって謝ることができた」といった失敗事例も書いていたら、このＥＳはより採用担当者に響く内容となったことでしょう。

Point❻ 文章は短文をもってよしとする

5章でも書きましたが、大学生は、ただでさえ書き慣れていないのですから、わかりやすい文章を書くためには、とにかく一文を短くすることです。一行20文字の原稿用紙で考えて、3行以上になったら「句点（。）」で区切る。

それを徹底するだけで、ずいぶんわかりやすい文章になります。

例えば、次の文章を読んでみてください。

「つまりは、今現在から新たなコミュニティに飛び込んでいきさまざまな人とかかわる機会を増やしていき私自身の強みである人の気持ちを読むことを継続してやっていくことが、私が30歳になったときに人事部の一員として社員を交えていける存在になるための道であると思います」。

20文字換算すると、約7行にわたって長々と文章が続きます。構文としては「Aが（は）Bです」という単純なものなのに、Aの部分に「現在から新たなコミュニティに飛び込み」「さまざまな人とかかわる機会を増やし」「人の気持ちを読むことを継続していく」と3つものセンテンスが積み重なっています。

せめて2行目の「読むことを継続していくこと。」と、ここを句点で区切りましょう。そうすれば、その後に「そうすることが、私が30歳になったときに人事部の〜」と接続詞で続けることができます。

このように、文章を短くするだけで、学生のESの文章ははるかにわかりやすくなります。

Point❼ 文章がねじれていないかどうか

通常では、文章は「主語」と「述語」が、「修飾語」と「被修飾語」が、「係り受け」の関係をつくって成立しています。たとえば、「私は長い文章を書いた」という文章では、「私は」が主語であり「書いた」が述語で、「私は〜書いた」で「係り受け」が成立しています。

ところが「私の副業はライターの仕事をしています」とすると、「副業は」が主語ですが、述語が「仕事をしています」となり、「副業は〜仕事をしています」となって、係り受けが成立していません。「ねじれた文章」になってしまっています。

あるいは、「私は、〇〇〇に行き、×××を食べ、△△△を飲んで、この三日間の旅を堪能しました」という文章での主語と述語の係り受けは、「私は」～「堪能しました」です。途中で説明のフレーズが入りますが、それはひとまず無視して、文章を最もシンプルに見たときに、「主語」と「述語」がねじれずに真っ直ぐつながっていることが、文章が成立する条件です。

この関係さえ崩さなければ、文章は「読めます」。逆に言えば、採用担当者に納得してもらえる文章を書くためには、この「係り受けの関係」さえしっかりとおさえれば、ほとんどの場合はOKと考えてもいいと思います。

ではねじれるケースとはどんなものか。これがやっかいです。以下のケースがそうです。

とある学生がこんな文章を書いてきました。本人は一生懸命に難しいことを書こうとしているのだと思います。

「この正しいとは自分の意見と反対の意見が出たら、社会の法律やルール、情報に重きを置き結論を出していました。仕事を行う中で大きな壁は数多くあり、その中でも相互の意見の不一致が要因としてあげられます。不一致が起きた際に、正誤だけでなくあらゆる価値観を知っていくため情報を手段として利用していこうと考えます」。

冒頭の一文、「正しいとは」が主語。「結論を出していました」が述語。全く係り受けの関係が成立していません。強いて修正するなら、「正しいとは」～（反対の意見に対して、法律やルール、情報により）～「結論を出すことです」とするべきです。

二つ目の文章もねじれています。

これを修正するには、まず「仕事を行う中で大きな壁は数多くある」と区切ります。その上で、「その理由の一つは相互の意見の不一致があげられる」

とすれば、よりわかりやすくなります。

文章のねじれをチェックするには、「文章の頭＝主語」と「最後＝述語」だけを取り出してみて、正しく結ばれているかを見ることです。「私は」と始まったのに「雨が降り出しました」と結んだら、わけがわかりません。

文章の係り受けをわかりやすくするためには、「読点」の使い方も大切です。

「美しい水車小屋の髪の長い女の子ども」という文章があります。このままだと、美しいのは水車小屋なのか、髪の長い女なのか、その子どもなのかはっきりわかりません。この文章に「読点」を打つことと語順を変えることで、係り受けの関係をはっきりさせてみましょう。

まず、美しいのは水車小屋の場合、「美しい水車小屋の、髪の長い女の子ども」とすれば、美しいのは水車小屋だとはっきりわかります。

あるいは語順も大切です。「係り受けの関係をつくる修飾語と被修飾語はなるべく近づける」という法則があります。「髪の長い女」が美しいと表現したい場合は、「水車小屋の、髪の長い美しい女の子ども」と、「美しい」を「女」の直前に置きます。「子ども」が美しいなら、「水車小屋の髪の長い女の、美しい子ども」とします。

このように、文章の「係り受け」に関しては読みやすさの基本でもありますから、文章が書きあがったあとでもよーくチェックして、しっかりと「受ける」ようにしてください。

2

ESでは、オリジナルの考え方で自分をアピールする

自分の考えをどう表現するか？

ＥＳの審査は文章の書き方の技術だけでなく、そこに書かれた「考え方」を審査する場でもあります。

ここでの課題は「30歳の未来予想図」ですから、仕事に対する考え方、家庭や家族に対する考え方、ワークライフ・バランスなど、昨今社会課題になっている「働き方」に関する思考が十分になされているかが試されます。

その観点でいくつかの作品をチェックしていきましょう。

Point❶　思考の深さが見られるか

学生たちのESを見ていると、考えが深まらないうちに書き出してしまったのではないかと思われるケースが多々あります。

みなさんは、仕事や家庭、人生をテーマに、友人や家族と語り合うことはありますか？　身近な人と「対話」を繰り返して、自分は何をやりたいのか？　なにが自分の特技なのか？　なにが自分の性格的な特徴なのか？　といったことを考えたことがありますか？

たとえばこんな作品がありました。

「私は30歳になったときに、仕事の場でも家庭でも信頼され、必要とされるような大人になっていたいです。

具体的には仕事の相手にも家庭にも誠実で真摯に向き合うことで、会社の業績を向上させたり家族を幸せにできたりするような人になりたいです。

（中略）

まず仕事面においては、どのような部署やチームに配属されることになっても、同僚やお客様との繋がりを大切にし、『この仕事には××が必要だ』と思ってもらえるような存在になりたいです（後略）」。

この文章を見ると、非の打ち所のないビジネスマンが描かれていますが、採用担当者から見ると、そんな理想論は聞き飽きています。聞きたくもないですし、全く意味がありません。仕事に対して全く何も考えていない学生ととられるのが関の山です。

たとえばここに、自分のロールモデルのことを書いたりすると、ぐっと真実味が出ます。

「私の親戚の叔父は、肺がんと診断されたあとも『どうしてもこのプロジェクトだけは自分がやりとげなければ』と家族を説得して仕事を続け、ついに

××の仕事を完遂しました。もちろんそのことで十分な治療が受けられず、結果的に寿命を縮めてしまったという面は否めませんが、私はそれくらい仕事に打ち込んだ姿は美しいと思いました。叔母もそのことには納得し～」というような具体的な、「自分にしか書けない事例」を、シーンを交えて描くことができたら、採用担当者はこの学生の仕事への姿勢に納得できます。

このような思考は、いざESを書こうとPCの前に座ったからといって出てくるものではありません。

日頃から両親や家族、あるいは近しい友人などと「仕事とは？」「家族とは？」「どんな人生が送りたいか？」といったテーマで「対話」をする習慣を持つことです。

「対話」とは、「会話」とは違って、異なる意見をぶつけあい、より上位の意見にたどり着く会話のこと。そうやって日常的に思考力を鍛えておくことが大切なのです。

逆に言えば、大学3年から始まる就活とは、これまでやらなかったそういう「対話」を行う期間でもあります。前の章で「自分自身の棚卸しの時期」と書きましたが、こういう会話を行うことも同じ意味だと言えるでしょう。

これまで使ってこなかった脳味噌を総動員して新しいテーマを考えてみる。すると今まで繋がっていなかったシノプシス（精神の糸）が繋がって、新しい思考回路ができます。それは「新しい自分との出会い」といっても過言ではありません。

Point❷ 仕事とは何か？を真摯に考える

よく言われることですが、多くの就活生を見ていると、本来就「職」活動であるはずなのに、就「社」活動になっているケースが少なくありません。

つまり、「大企業」「一部上場企業」「人気企業」「話題の企業」に入りたい。そういう企業ならどこでもいいと考える学生が少なくないのです。

たとえば、次のＥＳに、それがよく表れています。

「私が育った地域を走る××鉄道グループに親しみがあります。先輩社員の方々の温かさや、丁寧な対応に惹かれたことが貴社を志望するきっかけとなりました。説明会に足を運んで、社員を大切にしている点に魅力を感じ、先輩方と一緒に働きたいと強く思いました。私は人をもてなすこと、なにより人の喜ぶ顔を見ることが大好きです。アルバイトで接客を通して幅広い年代のお客様と関わり、多くの人を満足させる仕事がしたいと思いました。××ツリーをはじめとする多くの観光資源がホテルの周辺にあるため、貴社でさまざまなお客様にサービスを提供できると感じました」。

この学生は自分にとって身近な存在である××鉄道に親しみを感じ、系列のホテルに入りたい一心であることはよくわかります。「この会社を愛している」、「お客様をおもてなしすることも好きだ」、「人の喜ぶ顔が見たい」

等々。その気持ちはよーくわかります。

けれど会社への愛をいくら叫んだところで、採用担当者に響くでしょうか？

前出の食品商社のMさんは、あっさりとこう言い切っています。「ESで会社や商品への愛を訴えてもらえるのは嬉しいけれど、たいていの学生は同じようなことを書いてきますから、あまり（心に）刺さらないですね。心から好きという人と、形式上好きという人は面接すればわかります。さらっと書いてあると、みんなそういうんだよねと思うだけです」。

と、そっけない返事です。つまりいくら会社に対する愛を語っても、採用担当者のお眼鏡には適わないということです。

それよりも、たとえばこのケースならば「観光業」ということにフォーカスして、その社会課題を解決することに頑張りたいということに論点を変えたらどうでしょうか?

このESはコロナの感染拡大の前に書かれたものですが、今書くならばコロナによって大打撃を受けた観光業をどう立て直したいのかという論点は外せません。

インバウンドが期待できないので、国内の観光客のマイクロツーリズム(近隣観光)を喚起するとか、地域内の新たな魅力をアピールするとか、会社への愛ではなく「業界」への愛を訴えて、社会課題を解決することをアピールするのです。

考えてみれば、あらゆる「仕事」とは「社会課題を解決するため」に生まれた作業やシステムです。

学校の先生は子どもの学力をつけさせるという課題を解決し、トラックの運転手は商品をA地点からB地点に安全に正確に運ぶという課題を解決します。

そういう意味で、現在の社会課題はどこにあるのか？　私たちの生活のどこが課題になっているのか？　就活とは、実はそのことを吟味して判断する機会だと言うこともできます。

あなたが感じる現在最大の社会課題とは何ですか？　それを解決するには、どんな仕事をすればいいですか？　そこが就「職」のポイントです。

Point❸　オリジナルな発想であるか

採用担当者にインタビューすると、「最近の学生は誰もが同じような書き方をして」とか、「その人のオリジナリティが感じられない」といった発言をよく聞きます。確かにこうして同じテーマのESを並べてみると、書き出しから論の流れまで、同じお手本をパクったのか？　と思えるような似たりよったりの作品がたくさん出てきます。

就活生にしてみれば、なまじオリジナリティを出そうとして失敗するよりも、セオリーどおりの書き方をして安全パイをとった方がいいと思えるのでしょう。

とはいえ、読み手がハッとするような考え方、思考方法等を表現できれば、「インパクト」を残せることは事実です。そうすれば面接でもその点を聞かれますから、自信をもって答えることができるはずです。ESを書く前にじっくり考えて、他人とは一味違うオリジナルな考え方を表現してみることは、就活に勝つ道です。

たとえば次のような作品は、とても印象に残ります。

「私は30歳になったとき、『恩返しができる大人』になりたいです。中学生の頃、校長先生はよくこう言いました。『常にg.iverであり続けなさい』。それは『見返りを期待すればするほど返って来ないよ』という意味を含めていました。当時まとまりのない部活動のキャプテンを務めていた私は、この言葉に影響を受け、意識と行動を『完全なｇｉｖｅｒ』の状態に移行してみることに決めました。その試みはとても難しくも面白く、結果的に部活動のチーム全体に一体感が生まれ、信頼感や親近感を育む自己投資の一つにもなることを学び、自他ともに成長が感じられた瞬間でした」。

「私の成長」というテーマの作品です。中学校時代の校長先生の個性的な言葉を覚えていたこと。その解釈の仕方とその後のアクションを描いたこと。つまり「自分にしか書けないこと」を書いたことで、とても印象的なＥＳとなりました。

それに対して、こんなＥＳはどうでしょうか？

「私は30歳になった自分をイメージしたとき、全体的に人生を楽しんでいるだろうと予想する。今の友人、世話になっている人たちとは縁を切らずに、定期的に会う機会をつくっては元気をもらっているだろう。自分の時間もしっかりと確保し、娯楽に浸ることもあるはずだ」。

誰が書いても成立する文章。逆に言えば、誰が書いたのか印象に残らない文章です。これでは書かないのと同じです。むしろ書かない方が「マイナス点がつかないだけまし」、と言えるかもしれません。

オリジナルな経験から出てくる文章は、それほどインパクトが大きいものなのです。

Point❹ 社会情勢を意識しているか

ESはまた、社会常識や政治常識、現代用語への関心等を試す場でもあります。

世の中の現状を見ているか？　状況を把握しているか？　ニュースをキャッチしているか？　が問われます。それに答えるためには新聞を読み、ニュースに耳を傾け、論説記事にも目を通すことが必要です。

最近の若者は新聞をとらないことが常識のように言われていますが、新聞は、紙面を広げればあらゆる角度から情報収集ができる優れた媒体です。ネットでは自分の興味を引く記事ばかりを拾ってしまい、「犬も歩けば棒に当たる」ことがありません。むしろネットのアルゴリズムは「その人の好みのニュースしか流さない」ようになっていますから、非常に偏った情報収集になります。だからその日のニュースを俯瞰できる新聞を読むことは、就活生にとっても必須と言えます。

毎日、社会の出来事を俯瞰的に見ることで、社会性が身に付き、採用担当者にも「社会常識のある学生」と見てもらえるでしょう。

たとえばこんなESを書いた学生がいました。

「私が30歳になる10年後には、科学技術も著しく発達して、機械化が進み、今では想像できないような世の中になっているだろう。（中略）働き方の面で考えていくと、10年後には今ある職業から多くの職がなくなっているだろう。そんな中でも残り続ける職として、人間の感情や人の心に寄り添うもの、また創造性が必要なものがあげられる」。

読んでわかるように、この学生は「世の中はＡＩ化が進んでいる」、「ロボットの発展によって人間の仕事が奪われる」という程度の「常識」のうわっつらは知っているようですが、その内容までは理解していません。誰でも書けることしか書いていない。これでは却って減点対象です。

ＥＳに書くなら、専門書や解説書を読み込んで、自分の知識として咀嚼してオリジナルな論を書くこと。そこがポイントです。

つまり、「10年後はロボット化が進む」と漠然としたことを書くよりも、資料を調べて「ＡＩ技術の進展により、さまざまな職業がロボット化される。たとえば〇〇業では〜〜」とより具体的に書いた方が説得力を持つということとです。

Point❺ 自分自身の強みを生かす仕事を考える

以下に3人のESを並べてみますので、読み比べてみてください。

A「具体的には、仕事の相手にも家族にも誠実で真摯に向き合うことで、会社の業績を向上させたり家族を幸せにできたりするような人になりたいです。（中略）まず仕事面においては、どのような部署やチームに配属されることになっても、同僚やお客様とのつながりを大切にし、『この仕事には自分が必要だ』と思ってもらえるような存在になりたいです。そしてそのためには、仕事にやりがいや自分の存在価値を見出せるような働き方をする必要があると思います。

やりがいや仕事に対する自分の存在価値を認識することで責任感が生まれ、仕事の質が上がり、結果的に仕事を進めるうえで必要な存在になっていけると考えます。

日々の仕事を一生懸命にこなすのはもちろん、業務をどう効率化すればよいかのアイデアを出したり後輩の積極的な指導を行ったりして会社の利益に役立てるようになっていきます」。

B「仕事面では、私は自分のしている仕事を『面白い』と思いながら取り組んでいるだろう。納得のいく企業で、この会社を支えたいという気持ちで、周囲の人間に愛と尊敬の気持ちをもっている。かつ、自分という存在が企業に、そして社会に貢献できているという実感を持ち、自信をもって働いているだろう。今はまだ働きたい業界や企業を絞っていないため、具体的な仕事内容は想像がつかない」。

C「正直、私は勉学に入り込んで努力をしてきたというよりも、その場その場でやりくりしてきたという方が妥当である。だからこそ、今から全力で今の就職先で仕事だけを考えて努力ができるかと言われたら無理であると思う。結局は自分のことが一番大切で、二の次になってしまうと思う。そこそこでいいという感覚であろう。しかし、失敗はしたくないという往生際の悪さも感じるのは事実である」。

みなさんは、これらを読んで、どう感じたでしょうか。正直に言って、どれも合格圏内には入っていません。なぜなら、誰が書いても成立する文章だからです。書き手の学生は何が得意で何が苦手なのかもわかりません。

ここで3つの例をあげたのは、このような文章を書く学生があまりに多いからです。これでは、たとえばあなたが採用担当者になったとしても、点のつけようがないはずです。

この本でも、何度か採用担当者が語っていますが、「キラキラした（実績ばかりを披瀝した）ESより、学生の素が見えるほうがいい」という原則に従うなら、「誠実」「やりがい」「面白い」「貢献」「努力」といった誰でも使える言葉を書きつらねるよりは、恥ずかしくても自分の「素」を書く方が印象に残ります。

ここで紹介した3つのESは「残念なES」としかいいようがありません。

その後推敲を繰り返し、Aさんの文章は以下のようになりました。

「まず仕事面においては、どのような部署やチームに配属されることになっても、その部署のスペシャリストになりたい。入社から5年間は、収入の2割はスキルを磨くための『学費』（たとえば英会話、パソコンスキル、資格取得等）に使うことを誓います。がむしゃらにがんばって『この仕事には自分が必要だ』と思ってもらえるような存在になります。

そのためには、目標設定も大切です。営業部に配属されたら、営業成績（数値）では絶対に同期には負けたくありません。会社全体でも、過去の新人社員の成績を凌駕する数字を出したいです。それをクリアするために、毎日営業日記を書きます。またその日出会ったお客様には翌日に直筆で礼状を出し、自分を印象づけます。手紙を書くことでお客様の印象もよりクリアに自分の中に残るはずです。

そうやって日々自分を振り返る時間を持つことで、高いレベルを意識し、自分を鼓舞し続けます。そういう日常を送ることで、仕事に対する責任感が生まれ、仕事の質が上がり、結果的にその部署で必要な存在になっていけると考えます。

また仕事に対しては、先輩後輩の関係はないと考えます。業務をどう効率化すればよいか自分なりのアイデアを部内に出し、先輩や同僚との『対話』を重ねて会社の利益アップに繋げたいと考えます」。

最初の文章と比べて、どうでしょうか。

自分自身の強みや特徴、得手不得手を考え、どうすればその仕事に自分を生かしていけるのか。それがよりクリアに表現できているはずです。

「文章技術力」と「思考力」。この二つを意識して、就職戦線で内定を勝ち取れるようなＥＳを書いてください。

おわりに

言葉を磨いて、職業人生に漕ぎ出そう！

梅崎修

買う立場から売る立場へ

本書を手に取って、「おわりに」まで読んでくれた皆さんは、自分自身の就職活動に関心を持っている、もしくは少し不安を感じている大学生でしょうか。もしかしたら、就活生を支援する方々にも読んでもらっているのかもしれません。

私たちは、就活の初戦とも言えるＥＳに（その後につづく面接にも）、この本を生かしてほしいと思ってこの本を企画し、執筆しました。本書は、文章のプロである神山典士氏を招いて行った梅崎ゼミ流就職支援の実践報告でもあります。

実は大学の教員という立場としては、就職支援について本当はあまり大きな声では言いたくないこともあります。それは就職活動が始まってから、文章力はもちろんのこと、話し方なども大きく成長する学生はとても多いということです。

大学の文系学部では、文章を読み、書くことは、勉強の基本です。就職活動期に成長するのではなく、大学の授業で身に付けた文章力を就活で評価される方が、授業やゼミを担当している私としてはうれしいのです。しかし、就活中に大化けしているという方が実感に合っています。

なぜ学生に急成長が生まれたのでしょうか。責任逃れのように聞こえてしまうかもしれませんが、私は、買う立場から売る立場への「転換」が決定的であると考えています。

たくさんのレポートを書いてきた大学生も、文章を書く目的には単位のためであり、その授業は買ったものなのです。その購入費（学費）も本人ではなく親が支払う場合がほとんどでしょう。

買う立場で書いた文章と売る立場で書いた文章が違うのは当然の結果です。右の四コマ漫画は、イラストレーターであり、漫画家でもあるトリバタケハルノブさんの自伝漫画（『トーキョー無職日記』飛鳥新社）からのひとこまです。初めて自分の作品が雑誌に載った作者が、「生産者目線」で喜んでいたのですが、実際、「消費者目線（売る立場）」で眺めてみると、自分の作品に納得できなくなるというギャグ漫画です。売る立場になるべきことは、頭でわかっていても、態度はなかなか変えられないことの一例と言えるでしょう。

©トリバタケハルノブ／『トーキョー無職日記』飛鳥新社

大学のゼミなどでは、単にレポートや論文を書かせるだけでなく、合同ゼミで発表会を行ったり、産学連携調査の報告を企業人の前で行ったりするような学びの仕組みを作っています。誰に向けて書くか（もしくはプレゼンするか）を強く意識すればするほど、自分の文章に関する感覚は研ぎ澄まされ、読者を前提とした魅力的な文章になっていきます。しかし実際のところ、合同ゼミや産学連携プロジェクトであっても、学生たちはどこか自分は「お客」であるという意識が残っているように思います。

他方、就職活動では、目の前の買い手（採用担当者）から逃げることができません。この立場の強制的な転換にうまく成功し、一回一回のESで試行錯誤を続ければ、文章力が飛躍的に上昇するのは間違いないでしょう。ただし、就職活動という訓練期間はとても短いことも事実です。大学生には「もう少し早く、売る立場、つまり読者を強く意識して真剣勝負で文章を書く経験を増やしてくれればいいのに」といつも歯がゆい思いをしています。

要注意の自己分析

大化けする学生がいる一方で、この「立場の転換」で躓いてしまい、上手く移行できない学生もたくさん見てきました。その躓きの原因とは何なのでしょうか。私は、この原因の一つが「自己分析」ではないかと思っています。

世の中の就職活動本では、よく冒頭に、「自己分析」という言葉が紹介されています。就職活動を始めるためには、その前に自分のことをよく理解しなければならないというわけです。このこと自体は正しいので、自己分析をやるべきではないとまでは言いませんが、履き違えると、かなり危険な行為なのだと思ってください。

「自己分析」で言われている「自己」とは、この本を読んでくれた人は、何度も述べてきたのでわかってもらえると思いますが、「観察される自分」、「伝えられる自分」であるべきです。ところが、なんとなく漠然と「本当の自分って何だろう」と思い、「本当の自分探し」をしてしまい、迷路にはまってしまう学生がいかに多いことか。

迷った時には、「観察される自分」と「観察する自分」、または「伝えられる自分」と「伝える自分」を明確に分けてみてはどうでしょうか。この自分自身を観察する能力は、学問の世界では「メタ認知」と呼ばれている能力です。メタ認知とは、自分の思考や認識をより高次の（メタ）レベルで自分自身が認識することを意味します。

矢沢によるヤザワの演出力

ところでいきなり話が飛ぶようですが、皆さんは、ロックのスーパースターである矢沢永吉さんを知っていますか。70歳を超えて、なお大規模ライブを行い、圧巻のパフォーマンスで観客を惹きつけていることは驚きです。

矢沢永吉さんには、自伝語りの本（『成りあがり―矢沢永吉激論集』『アー・ユー・ハッピー?』角川文庫）があるのですが、この本を読んだ時に、その傑出した自己表現力の秘密がわかったのです。

矢沢さんは自分のことを「私は」ではなく「ヤザワは」と言う時があるのです。モノマネされることも多いので、独特な語り口について知っている人は多いと思います。

この自分のことを話すときに「ヤザワは」というのは、無意識かもしれませんが、「ヤザワ」というロックンローラーを演出する私（矢沢さん）という関係が頭の中にあるからです。つまりメタ認知力の高い矢沢さんは、若い頃から「ヤザワ」をどのように演出するかをいつも考えていると言えます。

なお、この「ヤザワ」は、自分に対してだけ演出されるナルシシストのものではなくて、観客の満足を高めるために常に演出されているものなのです。

キラークエスチョン

先ほど説明した通り、「自己分析」には、このようなメタ認知や演出が全く感じられず、自分のありのままを出せば、他人は理解してくれるだろうという自分本位な甘えを生み出す危険性があります。そして、そのような甘えは、採用担当者にはすぐに見抜かれてしまいます。

特に「あなたは我が社（この会社）が第一希望ですか」という質問は、それを見抜くキラークエスチョンです。

「本当の自分探し」をしている学生は、「自分には本当の一社があるはずだ、しかし、まだ見つけていないだけだ」と思います。就活のナビサイトだけでも、数万社の会社が存在します。それらの会社のことを画面上で知るだけなのに、どのように本当の1社を探すのでしょうか。冷静に考えれば、まるで赤い糸のように、たった一つの会社と出会うという考えは、間違った思い込みでしかないのです。しかし出会った会社を「本当の1社」ではないのではないかと思ってしまう学生は、そのように聞かれたら悩んでしまい、嘘をつかなければならないのでしょうか、と相談してきます。

私はいつも「まず、あなた自身のことではなく質問者、つまり、そのような質問をしてきた採用担当者のことを考えてください」と答えています。そもそも多くの企業を受けている学生に、採用担当者がその質問をした意図とは何でしょうか。それは次のようにまとめることができます。

質問者は、第一志望かどうかを知りたいのではなく、第一志望ですかと聞かれた時にどのように反応するのかを見ているのです。

はっきり言えることとは、嘘か、いや嘘はつきたくないと、あれこれ本気で悩み過ぎる学生を採用したくないという企業の本音なのです。仮に入社したとして、営業職として、お客から「あなたの会社の商品は、他の会社と比べて優れているの?」と聞かれた時に、アタフタ、ギクシャクしてしまうようでは困るのです。

当然、商品開発において企業は競争しているわけですから、我が社の商品に自信を持てない時はあります。だからこそ、その時にどのように振る舞える人なのかを知りたいと思っているのです。

もちろん正解は、「嘘つけばいいじゃん」「騙せばいいじゃん」という開き直りではありません。質問を言葉通りに受け取らず、その意味を微妙に読み替えることが解決の糸口になります。

まず「あなたは我が社（この会社）が第一希望ですか」という質問の真の意味を読み解けば、本当は次のような質問になるのです。

「あなたは第一希望ではないかもしれないが『あなたは我が社（この会社）が第一希望ですか』と質問された時に、我が社の魅力を発見し、それを説明できる人ですか」。

お互いたくさんの企業と会い、たくさんの学生と会っているのだから、第一希望ではないことはお互い様でしょう。つまり、本音では、「1番ですか、なんて野暮なことを聞いてごめんね、でもうちの会社に関心を持った理由を知りたい」と言っていると思ってください。相手の本音のメッセージを読み解き、それをわかった上で前向きなメッセージを返すべきなのです。

自分が伝えるべきは、多くの企業の中からこの会社に興味を持った理由を、「第一希望」もしくは「第一希望群」の理由のように説明すればよいわけです。御社の商品が素晴らしいと思った、OBOGが生き生きと働いていたとか。無理やりこの場所に連れてこられたわけではないわけですから、今、この会社を受けている理由ならば、必ず言えるでしょう。

「まだ第一志望を絞り切れていません」と言っても、「第一希望です」と言い切ってしまっても、どちらでもかまいません。相手もわかっているわけですから、嘘かどうかなんてどうでもよいわけで、質問の意図を読み取って、自分が感じた御社の魅力を全力で伝えればいいのです。みなさんは、どのような文章力を持っているかが問われているのです。

「自分探しの罠」にはまっている学生たちは、自分のことはわかってくれるはずだという受け身の甘えがあります。上記のような採用担当者の本音の関係を読み解こうとする余裕がないことが問題であり、その余裕のなさが評価されてしまうのです。

頭でっかちという批判

私が「書くこと」を重視するのは、書くという行為は、他者を強く意識しつつ行われる行為だからです。もちろん話すという行為も他者に聞かれることを前提にしているのですが、会話には雰囲気やノリで同期的に伝えられるという側面があり、話し手が聞き手を意識する距離感は、書く時の書き手と読者の関係とは異なります。

そもそも、われわれは書くと同時に、その書いた文章を自分で読んでいます。私の文章の最初の読者は、私自身なのです。その次に、遅れて他者である読者が出現するわけです。自分の頭の中で書いて読んで書くという推敲が行われ、メッセージの論理力や表現力が鍛えられていく点が、書くことの特質になります。

ですがその一方で、書くことだけに偏っている人間は、頭でっかちの使えない奴というレッテルを貼られることがあります。実際私も、文章は素晴らしいのに会話がスムーズではないと思う人にはよく会います。そのような人の問題は、「書くように話す」からなのです。

はじめて異性をデートに誘う時、はじめて外国人と英語で話す時を考えてみましょう。相手を意識するあまり、話す内容を一度頭の中で確認してから話すことがあります。この作業は、頭の中で一度文章を書いている（実際には紙に書いていませんが）と考えることができます。その結果、会話はキャッチボールなのに、変な時間の遅れを生むわけです。会話には、自分で書く→（自分で読む）→他人が読むではなく、自分で話す→他人が聞く、というリズミカルな反応が求められ

コミュニケーションの分類

	推敲（非同期）	リズミカル（同期）
文字あり	書く	話すように書く
文字なし	書くように話す	話す

ています。

ＳＮＳの書き込みは、同期性という意味では、むしろ話すという行為に近く、「話すように書いている」と言えます。読者を想定して、あれこれ表現を遂行することは非同期的であり、リズミカルな会話にとっては邪魔なので、営業などの対面の仕事には向かないな、という判断がされてしまうことはあります。

右下の表は、これまでの議論をまとめた分類表になります。書くと話すは、わかりやすい分類でしょうが、「話すように書く」「書くように話す」という分類もありえるのです。

言葉で最高のプレゼンテーションを作れ！

ではこのような「時間の遅れ」を生む推敲は、欠点でしかないのでしょうか。そうではありません。実は、「書くように話す」ことが、想像以上の大きな力を生み出すことがあるのです。

アップル社の共同設立者で、iPhoneをはじめとした数々の革新的な商品を生み出してきた、偉大なプレゼンターのスティーブ・ジョブズという経営者がいました。彼は、圧倒的に優れたプレゼンテーション力の持ち主として知られています。

ジョブズのプレゼンは、スマートフォンが当たり前になった今のわれわれが見ても心動かされるものです。この力は、人としての迫力、身振りや話し方の上手さにもよると思うのですが、私は「言葉の力」を強く感じます。

ジョブズは、その場の思い付きで言葉を発しているわけではなく、事前の周到な準備、細心の言葉選びによって、その世界最高のプレゼンを作り上げています。それは、とことん頭の中で、読者の目線から繰り返し言葉を選び抜いた結果なのです。

時間をかけて、出会ったことがない読者、未来の読者を考え抜いてみることは言葉の力を強めます。ジョブズが亡くなった後も、彼にとっては未来の人である私たちが彼のプレゼンで感動しているのは、彼が未来の読者を考えていたからなのです。

もちろん、仕事をするのには同期的なリズミカルな会話力も大切な能力です。その時々でケースバイケースで、同期的か、長い推敲か、というように言葉の使い方を選ぶこと、選べるだけの多様な能力を身に付けておくことは重要です。

ただそれを踏まえて私は、仕事を頑張って認められれば認められるほど、必ず会話力よりも文章力が求められる勝負の時が増えてくると思っています。

例えば、管理職となった未来を考えてみましょう。10人の部下に一斉送信のメールを流す時、管理職には一つのメール（文章）で10人の心を動かすことが求められています。さらに多くの部下の前や、多くの取引先関係者の前でスピーチを行うこともあります。その時、1対多の状況でもメッセージ性を失わない、推敲した言葉の力の重要性は高まってくるのです。

要するに文章力は、就職活動だけで役立つ能力ではなくて、むしろ就職後の長い職業人生の中で、本当に情熱を懸けて、多くの人々の協力の下で行う仕事に直面した時に、あなたにとって、必要となるものなのです。

ですから内定獲得はゴールじゃありません。Ｇｏｏｄ Ｊｏｂ！ の喜びがある職業人生を生きるために、皆さんは文章力修業のスタートラインに立っているのです。

この本が皆さんの職業人生にとって役立ち続けるならば、とてもうれしいです。

法政大学キャリアデザイン学部教授

梅崎修

（うめざき・おさむ）

人材マネジメント、キャリア教育の効果測定の専門家。人事や採用関係の著書多数。

大宅壮一ノンフィクション賞作家

神山典士

（こうやま・のりお）

著書150冊を超えるベテランライター。「大宅壮一ノンフィクション賞」「小学館ノンフィクション大賞」「編集者が選ぶ雑誌ジャーナリズム大賞」など受賞。北斎サミットジャパン代表、埼玉トカイナカコンソーシアム代表。

本書の読者限定、先着100名様に無料でエントリーシートの添削を行います。詳しくは、以下のQRコードから神山典士の事務所のホームページに入り、応募要項をご参照ください。

STAFF
編集協力　長谷川　華
デザイン　池田香奈子
取材協力　栗田卓也（株式会社マイナビ）
　　　　　東郷こずえ（株式会社マイナビ）

人事担当者が本音で明かす！
受かるエントリーシート 落ちるエントリーシート

2021年1月18日　第1刷発行

著　者　梅崎　修、神山典士
発行者　千葉　均
編　集　碇　耕一
発行所　株式会社ポプラ社
〒102-8519
東京都千代田区麹町4-2-6
Tel:03-5877-8109（営業）
03-5877-8112（編集）
一般書事業局ホームページ
www.webasta.jp
印刷･製本　中央精版印刷株式会社

N.D.C.377／271p／19cm　ISBN978-4-591-16885-1
JASRAC 出 2010359-001

P8008314